U0944474

What Great Parents Do

75 Simple Strategies for Raising Kids Who Thrive

优质父母教养实践指南

75条黄金法则培养孩子的
情感和社会能力

[美] 艾丽卡·雷斯切尔（Evica Reischer）著
王培 译

北京联合出版公司
Beijing United Publishing Co.,Ltd

图书在版编目（CIP）数据

优质父母教养实践指南：75条黄金法则培养孩子的情感和社会能力 /（美）艾丽卡·雷斯切尔著；王培译. -- 北京：北京联合出版公司，2018.4

ISBN 978-7-5596-0967-0

Ⅰ. ①优… Ⅱ. ①艾… ②王… Ⅲ. ①家庭教育 Ⅳ. ① G78

中国版本图书馆 CIP 数据核字（2017）第 236117 号

北京市版权局著作权合同登记 图字：01-2017-6352

优质父母教养实践指南

作　　者：[美] 艾丽卡 · 雷斯切尔（Evica Reischer）

出版监制：刘　凯　马春华

责任编辑：李秀芬

装帧设计：聯合書莊 bjlhcb@sina.com

封面设计：门乃婷工作室

北京联合出版公司出版

（北京市西城区德外大街83号楼9层　100088）

北京联合天畅发行公司发行

北京京都六环印刷厂印刷　新华书店经销

字数140千字　889毫米 × 1194毫米　1/32　8印张

2018年4月第1版　2018年4月第1次印刷

ISBN 978-7-5596-0967-0

定价：42.00元

献给R，我生活中最好的朋友和伙伴

献给A、C，我的孩子，以及我所教导的每一个孩子

感谢LB，为本书做了大量贡献

推荐语

克里斯汀·卡特(Christine Carter)博士

加州大学伯克利分校“美善科学中心”(Greater Good Science Center)高级研究员

《优质父母教养实践指南》是你所需要的唯一一本子女教育类书籍。没有任何一本书比它更精练，同时，它所提出的教育原则又都是基于科学研究成果！哪怕每天你只有两分钟的空闲时间，本书也足以让你快速学会一条教育原则，帮助你更愉快、更有效、更轻松地教育孩子。必读之书！

戴安·德布洛夫娜(Diane Debrovner)

《父母杂志》(*Parents Magazine*)副主编

通常而言，一本教育类书籍总是泛泛地分享子女教育的大原则，但《优质父母教养实践指南》中有很多充满智慧的提醒，告诉父母不同教育原则的优先顺序，以及如何真正在实际行动中贯彻你想要实现的教育理念。

米哈伊·奇克森特米哈伊(Mihaly Csikszentmihalyi)

杰出的心理学和管理学教授,《纽约时报》畅销书《随心流淌:最佳体验的心理学》(*Flow: The Psychology of Optimal Experience*)作者

伟大的人类学家玛格丽特·米德曾经说过，她无法理解人们看待事物重要性的方式：我们制定了法律，要求所有人必须拿到驾照才能开车，但我们没有考察父母的教育能力，就允许他们自行教育子女。如果父母的教育能力要有所改观的话，雷斯切尔博士的这本书可以成为“开车路上的交通规则”。这是一本构思精妙、研究扎实、写作明快的教育手册。

《华盛顿邮报》(*Washington Post*)

很想寻求子女教育方面的建议，但又不想深陷大量的学术研究之中？这本书正好为你提供了这样的帮助。在《优质父母教养实践指南》中，艾丽卡 · 雷斯切尔采用通俗易懂的语言介绍了很多教育实践的窍门，用非主观的、中肯的文字呈现了各种教育原则。

玛德琳·莱文(Madeline Levine)博士

《纽约时报》畅销书《给孩子金钱买不到的富足》(*The Price of Privilege*)作者

本书是一本有用的、可操作的教育实践指南。它一定会是每个父母梦寐以求的子女教育类书籍。

佩吉·奥伦斯坦(Peggy Orenstein)

《纽约时报》畅销书《女孩与性》(*Girls & Sex: Navigating the Complicated New Landscape*)作者

艾丽卡 · 雷斯切尔提供了最佳教育实践的“小贴士”。只要具备书中的教育智慧，每个父母都有潜力成为“优质父母”。

《出版人周刊》(*Publisher's Weekly*)

本书覆盖了从管教到鼓励好奇心的每一个教育原则，雷斯切尔温和而又坚定的教育理念既简单又有力。如果父母能每天学习一个教育原则，假以时日，就能对孩子起到极大的帮助作用。

《书目杂志》(*Booklist*)

心理学家雷斯切尔的教育风格也许可以被描述为“科学型”。在教育研讨班和本书中，她提炼了孩子社交和情绪发展方面的学术成果，并把这些成果转化为一系列最佳教育实践。书中最精彩的部分在于，每一章节末尾都有“教你这样做”环节，其中包括真实的生活案例，以及手把手教你如何在挑战性的环境中应用教育原则。与很多教育类书籍的作者类似，雷斯切尔撰写本书的初衷在于，当她的第一个孩子出生后，她找不到适合她的此类书籍。她希望本书的出版能让年轻一代的父母不再有她当时那样的问题。

朱莉·莱斯科特-海姆斯(Julie Lythcott-Haims)

《纽约时报》畅销书《如何让孩子真正成人》(*How to Raise an Adult*)作者，斯坦福大学新生部前系主任

很多父母都在孜孜以求教育智慧。我们真的希望，在那些艰难的教育时刻，有人能帮我们一把。艾丽卡·雷斯切尔博士做到了这一点。她在现实生活中发现了大量的教育场景，似乎亲眼看到我们即将犯错，于是按下“暂停键”，并轻声细语地讲解重要的教育理念。她的建议不仅包括如何处理孩子的不良行为，还包括如何关注我们自身的行为，以便我们能认识到自己对孩子的行为所产生的影响。雷斯切尔也许只是提供了简明的原则，但这些原则背后的智慧非常深刻而富有洞见。

加州大学伯克利分校“美善科学中心”(Greater Good Science Center)

“本书绝对是最佳枕边书！”

克里斯托弗·巴姆(Christopher Balme)

Spark前CEO，千禧年学校(Millennium School)联合创始人、校长

读完此书，我长长地松了口气——这是一本我作为父母和教育从业者所期待的书，它既深富内涵，又提供了实践指导。关于如何更好地教育子女，雷斯切尔博士创建了一系列清晰、简单而富有洞见的原则。

瑞秋·卡德纳(Rachel Kadner)

哈比托特儿童博物馆(Habitot Children's Museum)教育和社区伙伴项目经理

艾丽卡·雷斯切尔博士开展教育研讨班多年，该项目以事实为依据，以行动为导向，非常实用。当父母们从研讨班毕业离开时，总是希望还能学到更多。即便你手中已经有了很多教育类书籍，本书仍然值得你入手。

莱斯利·贝尔(Leslie Bell)博士

心理治疗师

这是一本你一直期待的教育类书籍。无论你是刚成为父母，还是已经有了教育经验，《优质父母教养实践指南》将最新的学术研究成果提炼整合成了非常好用的教育原则，是每个父母都需要的一本书。艾丽卡·雷斯切尔博士帮助我们走出了最令父母焦虑的教育困境——如何让我们的孩子懂礼貌；如何帮助我们的孩子处理强烈的情绪；如何最大程度地减少孩子的负面行为；如何既与孩子建立良好关系，又让孩子学会独立；以及如何打造幸福的家庭生活。

《真父母杂志》(*True Parent Magazine*)

心理学家和父母教育工作者艾丽卡·雷斯切尔的《优质父母教养实践指南》一书，其宣传推广口号是“解答了你反复咨询的教育问题，为你需要知道的每一项教育实践提供了思维图”。这真是一句极为大胆的口号，但我表示同意。

红色三轮车(Red Tricycle)

亲子教育网站

本书充满了实用技巧以及关于孩子社交和情绪发展方面的学术研究成果，堪称卓越教育的“小贴士”。如果你正在寻找成为优秀父母的思维图，《优质父母教养实践指南》是一个很好的选择。它以行动为导向，把教育原则分解成很多易于操作的步骤，并以实际生活中的教育场景作为实例。

雷尼·彼得森·特鲁多(Renee Peterson Trudeau)

《母亲的自我成长指南》(*The Mother's Guide to Self-Renewal*)作者

《优质父母教养实践指南》真是一本好书！这本实用、好用的指南提供了手把手的指导和真实的生活案例，能够改变你的教育方式。在浩如烟海、令人不知所措的教育类书籍中，这本很接地气的手册将会使你在教育子女的旅程中更自信、更兴奋、更放心。它真是献给父母的一份大礼！

序　言

当我着手撰写《优质父母教养实践指南》一书时，我没有想到，它会在美国之外大受欢迎。目前，本书已在9个国家出版，其中包括中国。能在全球拥有如此广泛的读者群，我感到十分开心。

养育小孩是一项既有乐趣又有挑战的工作。我创作本书的一个目的，就是希望为父母们提供方法和工具，用以应对日常家庭生活中的挑战，同时，又能帮助他们建立和谐健康的家庭关系。

这些方法和工具既简明易懂，又相互关联。比如，父母可以从本书中学会：如何在实事求是（法则54）的前提下，通过向孩子描述事情的后果（法则35和50），避免与孩子争夺控制权（法则61）。

我创作本书的另一个目的，是希望鼓励家长反省自己的行为，尤其是在孩子犯错的时候，因为家长的行为极大地影响着孩子的行为。我所认识的最有技巧和能力的父母都非常善于自我反省，当他们希望影响孩子的行为或心智时，他们乐意让自己成为孩子的镜鉴。

这些父母的行为重心不在于改变孩子（不要打扰我了！不要又忘了做家庭作业哟！放下你的手机！），而在于改变自己（为帮助孩子养成更好的习惯，我自己应该怎么做？为解决孩子身上的问题，我可以贡献哪些智慧？）。

最终，我希望读者能理解我的基本教育观：养育孩子是一种技能，可以通过后天习得，但更重要的是，它需要反复实践。一旦为人父母，我们不能想当然地认为，自己天生就知道如何应对养育路上遇到的各种挑战。相反，我们必须培养和练习这些技能，它们不仅包括同情和自省，还包括委婉表达、重构场景、情绪教导，等等。

我们投入实践的努力和时间越多，就越能成为优秀的父母。随着育儿技能的提高，我们的家庭生活将会充满更多乐趣，我们的幸福感和自在感将会显著增强，我们的孩子将会茁壮成长，我们的社区将会和谐安康。尽管教育的责任不全在父母身上——社会机构也应该扮演重要的角色——但我始终相信，幸福的家庭才是社会繁荣的根基。

祝您和您的家庭一切安好！

艾丽卡·雷斯切尔
2017.9.15

目　录

导　言

作为一名心理学研究生，我读过很多父母教育“最佳实践”之类的书。当我自己成为一位母亲之后，我很想找到这样一本书：它既能囊括所有这些“最佳实践”，又能着眼于提供具体的操作步骤。

关于如何让孩子的身体健康成长，我可以找到很多简明的教育指南。但在一个更大的领域，即培养孩子的社会能力和情绪发展方面，尽管有些书写得非常好，对家长非常有帮助，但需要家长阅读好几百页，才能从中抓住最有用的观点。换句话说，这些书过分专注于学术研究了。

我的第一个孩子出生之后，作为母亲，我急切想要寻找教育子女的最佳实践。为此，我启动了一个私人项目，召集优质父母们开展研讨班，在其中，他们可以很好地提供自己教育子女的优秀做法。该研讨班项目被称为“优质父母教养实践指南”（“What Great Parents Do”），它展现了一系列简单明了的最佳实践——综合了学术研究和治疗经验的成果——帮助父母改正孩子的不良行为，建立起牢固而良好的家庭关系，引导孩子成为一个快乐、友善和负责任的人。到目前为止，已有数千对父母参与了研讨班，并且该项目仍在进行中。

研讨班项目还得到了另一个群体的支持和鼓励。作为一位心理学家，我与各种各样的家庭打交道，所涉及的情况各不相同，有些父母希望我们帮助他们缓和与孩子之间的权力争夺，或者帮助他们解决孩子习惯性的吵闹，还有些父母希望寻求我们的专业帮助，修复他们与孩子之间早已恶化的关系。

与这些家庭打交道的经历，让我有了更大的想法：如果我能在教育的早期阶段就向这些父母提供重要的育儿知识，从而既能帮助他们过上幸福的家庭生活，又能帮助孩子健康成长，我会怎么教这群父母呢？举办研讨班和撰写这本书，正是我对这个问题的回答。

本书有何特色

在我最初创办研讨班时，我写了一份简单的只有一页纸的宣传单，叫作“优质父母所做的10件事”，概括了研讨班得出的10个主要观点。我们鼓励父母们向他们的朋友及其家庭成员分享这张宣传单，结果，它确实得到了广泛传播。我收到了来自世界各地的很多邮件，给我写信的父母们称赞我们所提供的教育理念和技能，并且告诉我，他们已经把宣传单贴在了家里的冰箱上。

关于本书的写作风格，很多人向我提出了建议，希望在教育的最佳实践问题上，我能够提供更具操作性的行动指南。就像我在研讨班中所做的那样，在本书中，我为每一种教育实践（又称为“教育法则”）提供了一些真实案例和实践窍门。

与很多其他的教育类书籍不同，你不需要阅读或浏览几百页的文字，才能抓住该书的要点和有用的思想，本书意在成为一本实践手册：读起来简明易懂，内容上专注于有用的行动原则，让你可以现学现用。

基于上述原因，我把这些有用的法则称为“简单法则”，它们删繁就简，直截了当，同时又给了你足够的信息，让你能够把这些法则转化为行动。不过，“简单”可不总是意味着“容易”：尽管我尽量将每条法则写得易于理解，但实际上，要想摆脱过去的习惯做法，采取一种新的、不同的行为方式，并非那么容易。主观意图和实际行动都很重要。（参见法则2）

通过本书，你将学会我在研讨班和私人实践中所传授的所有知识和技能：事先描述结果、权力分享、换种说法、重构、移情、重放、严正警告、暂停行动、社会实验、奖励经济、情感指导、幸福习惯，等等——另外，还包括如何采用有效的方法整合这些技能，从而营造出你想要的家庭生活。你将学会如何管理孩子令人头疼的行为，比如，不大吵大闹的抱怨和拖延行为；你还将学会如何帮助孩子成为对自己生活负责的管家。

本书的法则适用于所有年龄段的孩子。也就是说，我撰写本书的目的，就是要帮助父母通过培养孩子健康成长，从而为幸福的家庭生活打下坚实的基础。因此，本书所呈现的观点、方法和案例主要适用于10岁前的孩子。当然，用本书的法则教育10岁以后的孩子也绝不会太晚（参见法则75）。对于大龄孩子的父母而言，教育的难度会更大，但仍然值得为此努力。无论我们的孩子是2岁，还是22岁，我们总是在持续不断地建立与孩子之间的关系。

为什么你需要一本实践手册？作为一位心理学家，我发现，我的大多数病人——实际上，我所认识的大多数人，包括我自己——都认同某些原则，比如："为了保护好你的腰，你应该增强核心肌肉"，或者，"为了让投资风险最小化，你应该分散你的投资组合"，但是，他们没能总是把这些原则转化为实际行动，因为，在很多情况下，他们不知道该**怎么**做。他们对自己说："是的，这是好方法，我很想这么做，但我究竟该**如何**做呢？"

类似的，在我与各种家庭打交道的过程中，我发现，父母想要采用我所教导的法则，但也许又不知道具体该怎么执行它们。出于这个原因，本书中的每一条法则都会以一个特别的部分作为结束（**"教你这样做"**），以便给你一些具体的行动指导，更好地运用于家庭。这些指导包括分步指南以及在实际生活中该如何说、如何做的相关案例。

本书为谁而作

如果你刚成为父/母、即将成为父/母，或者，你已经有好几次当父/母的经历了，这本书就是为你准备的。当然，本书也是为祖父母、老师和监护人准备的。它适用于任何在生活中要与孩子相处的人，他们希望手里有一本简明的指南，里面写有具体的方法和实践工具，以缓解每天与孩子相处时所面临的挑战，同时，这本指南还能为孩子的社会和情感发展提供指导。

如果你很劳累，或者工作太忙，无法阅读一整本书（很多父母都有这种情况），本书绝对是为你准备的。与典型的大部头书籍不同，你不必从众多信息中撷取可资采纳的精华，本书将直接告诉你这些精华。

本书如何使用

为了获取知识要点和行动窍门，你不需要将本书从头读到尾。作为一本手册，你可以很容易地跳读或翻阅本书，然后找到你最关心的内容，而且，一旦你需要，你可以随时回到这部分内容。

每一条教育实践或法则都清楚地呈现于页面的顶部，随后，我会对这一法则做出解释，给出一些具体的例子。在"教你这样做"部分，我会告诉你，如何在生活中执行它们。

由于现实生活很复杂，书中的大多数法则在使用的时候彼此之间是有交叉的。一旦有其他法则与你正读到的法则相关，书中就会一并提到，并且告诉你，如何在日常生活情境中采用有效的方法整合它们。通过这种方式，基于对你而言最及时、最有帮助的内容，你可以建立起自己的教育工具箱。

本书的目的是要将最有用的教育理念，通过提炼精华的方式，压缩成字数有限的概要和例子，因此，我有意识地将本书写得很简短。关于更多的教育窍门、工具和案例，请访问www.DrEricaR.com。

优质教育之ABC

关于本书，我已经做了一些介绍。就贯穿本书的哲学观而言，我还要多说几句。我给优质教育开出的处方，具有两面性。一方面，它取决于你自己、其他人（比如你的家人）以及每一时刻的教育意识，尤其是非情绪化的意识。某个时刻适用于孩子的教育法则，在其他时刻，面对不同的孩子，则不一定适用。随着情绪和环境的变化，我们需要意识到，出现了什么状况，需要采用哪种法则，然后，具有灵活性地调整策略和方法。

比如，如果我们在白天的工作中与同事发生了矛盾，那么，我们就要意识到，当我们晚上回到家，这种矛盾有可能会影响到我们的情绪，以至于我们很难及时发现，这种情绪影响到了我们对待孩子的方式。如果我们感到孤独或抑郁，我们就需要格外小心，不要在无意识中，以一种不恰当的方式，把我们自己的情感需求放在孩子的需求之前。我们需要时刻关注我们的想法和感受，以便能停止和反省我们的行为，并做出新的抉择，而非简单地做出回应（参见法则11、15和18）。

除了时刻具有教育意识之外，优质教育还离不开优秀的学术研究成果，这些成果告诉我们如何有效地与孩子相处。这类研究中的某些成果已经带来了令人惊喜的洞见。比如，以表扬孩子为例：直觉而言，你对孩子表扬得越多，孩子就会变得越自信。但实际上，情况正相反。接受过多表扬的孩子，尤其是有些表扬并不具体，夸赞是基于孩子的性格和能力（比如“你做得好”，或者，“你太聪明了”），而不是孩子的努力，这种情况会导致孩子对自己能力的自信程度更低（为什么会这样，请参见法则42）。优秀的研究成果能够帮助我们了解，哪些法则对孩子有效，哪些无效。因此，我们就不会在不经意间被有些观念或理论所误导，这些观念或理论看上去是有效的，而实际上却不是这样。

优质教育与记住一组规则无关，它更像是有技巧地讲一门外语。通过练习，口语流利的人做到了将方法内化于心，然后，能够在恰当的时候、为了自己的某种需要，自如地运用这门语言。就跟讲一门外语一样，教育也是一种技能，可以通过不断学习和实践得到提升（参见法则5）。因此，当我们将学术研究成果的一般原则与我们时时刻刻对教育的意识相结合，我们就已经为教育路上所面临的挑战做好了最充分的准备。

本书所讲述的教育基本方法主要有三个关键点，我称之为优质教育之ABC。A表示“接受”（Acceptance），B表示“界线”（Boundaries），C表示“一致性”（Consistency）（见注释1）。

“接受”的核心思想是，你应该总是让你的孩子感受到（通过你的语言、行为和举止）你爱他们（尽管你不喜欢他们的某些行为或选择），因为他们是你的孩子。接受几乎等同于无条件的爱，尽管我承认，我在这里所说的这种接受实际上是非常难以做到的。

比如，想象你的孩子是个书呆子，运动协调性很差。而你作为一个运动员父亲，总是希望你的孩子像你一样，具有优秀的运动能力。为了让孩子具有这种能力，并延伸孩子的舒适区，你会鼓励孩子参与体育运动。但是，如果你的孩子在运动能力方面让你感到失望了，你仍然会对你的孩子表达爱意和赞赏之情吗？这是一项艰难但又非常重要的任务。在本书中，有些教育法则阐明了“接受”的重要性，参见法则6、8、9、14、16、18、29、34、39、43和74。

建立和阐明清晰的“界线”，是第二个关键点。孩子需要有分寸感和界线感。在一个预期和规则既清晰又合理的家庭，孩子们最终会感受到家庭带来的安全感。与“界线”有关的教育法则，参见法则11、21、22、23、38、41、50、51、52、71和72。

与“界线”密切相关的，是“一致性”。一致性意味着，说到就要做到；意味着，你的行为是可预测的。如果父母的行为具有一致性，孩子对界线的挑战就会降低到最小程度，因为孩子很快就会知道，你是言出必行的人。有了一致性，规则和界线的作用就会大大减少。

在我的研讨班中，我有时会用地心引力的概念来解释“一致性”。你扔了某个东西，但因为某种原因（或者偶然的，只出现了这一次），它竟然没有掉落到地面，然后，你很可能会继续扔其他东西，看看是否会出现同样令人惊奇的情况。如果父母没有一致性，孩子通常会持续不断地挑战父母的限制和界线。这只不过是孩子模仿父母行为方式的一部分，并且，孩子还会逃过父母的惩罚。与“一致性”相关的教育法则，参见法则1、17、18、23、31、46、47、53、54和71。

本书的标题是经过深思熟虑的，反映了我在这里所呈现出的教育哲学。首先，我使用“优质”，而不是“完美”，来描述我认为我们应该力争实现的那种教育理念。完美的父母根本不存在，试图成为这样一种神话般的存在，很可能会让父母产生沮丧和无能的心态。优质父母也会犯错（参见法则12）。犯错是件好事，它给了父母机会，为孩子提供犯错之后该如何纠错的行为示范，同样，也为孩子提供了如何正直而负责地回应错误的行为榜样。

我有意把本书的名字取为“优质父母教养实践指南”，

而不是“优质父母教育知识大全”，因为，行动和知识之间的区别是很大的。尽管没有知识就没有行动，但如果我们只有知识，而没有知行合一，那么，就不会有任何改变发生。

我们每个人都经历过这样的情况：我们知道，我们应该把睡眠放在第一位，但我们总是看电影看到很晚才睡。我们知道，我们不应该时刻都在刷电子邮箱或Facebook网页，但我们确实又在这么做。我们知道，我们应该耐心对待孩子，但我们又没能做到。因而，成为一个优质父母的关键因素之一，不仅仅是要知道如何做，更要真正按照我们已经知道的去做。

知行合一需要持续努力和不断练习（参见法则2）。比如，早起床，早锻炼，说起来容易，做起来难，特别是当我们真的不想这么做的时候。我们知道，这是一个好习惯，也知道该怎么做，但是，要让我们真正这么去做，却是非常之难。不过，一旦我们不断地努力尝试，使自己进入到一种习以为常的锻炼路径，保持这种习惯就会容易得多。同理，尽管爱自己的孩子是一种自然的情感，但要把孩子教育好，则是一项可以持续学习、操练和改进的技能。

如果我们足够幸运，成长在一个具有良好教育技能的家庭中，那么，我们可能已经获得了一种良好的教育理念。然而，这并非大多数人的情况，我们没有这种运气，我们需要找到方法，学习和践行优秀的教育技能，以帮助我们成为既有爱又有优质教育能力的父母。即便我们的父母有良好的教育技能，我们仍可以进一步改进我们自己的教育技能，因为，关于孩子的大脑和行为，学术研究成果一直在持续提供新的、有用的见解。

把教育视为一种技能，还能将我们从严厉地自我审判中解脱出来，特别是当我们犯错时。对待教育的这种视角，可以让我们抱持一种开放的、学习的心态，持续不断地获取新的、有用的知识，努力改进我们的技能。因此，我们需要知道做**什么**，以及**怎么**做，更重要的是，我们必须采取实际行动，真正按照所知道的**去做**。

你在阅读本书时——无论是从头读到尾，还是跳着读——可能都会发现，关于你的教育失误（我们都有），你会有一种沮丧的情绪甚至是焦虑感。比如，你会想起某件事，你希望你当时的处理方式是完全不同的。或者，你会希望要是你早一点知道某个教育方法就好了。如果你有这些想法，请记住，我们都会犯错，我们的孩子是有可塑性的，我们可以从现在、从这一刻开始发生改变，要有意识地对待我们生活中的每个人和每件事（参见法则75）。

我用一个简短的故事来进一步阐述我关于优质教育的方法，也用它来作为导言的结尾。大约15年前，我和我的丈夫决定养一只小狗。之前，我们从未有过养狗的经历，我们只是看到其他人养狗乐在其中。但我们都很喜欢狗，因此，我们去了当地的一家饲养场，带走了一只可爱的小狗。我们很快意识到，我们需要得到一些指导，以搞定每天都会面临的各种各样的宠物行为。于是,我们报了一个狗狗培训班。

我们去上课，是急于知道该如何训练狗狗，改变我们所发现的狗狗的一些坏习惯。结果，狗狗培训班很少讲如何训练狗，更多的讲的是如何训练主人:我们如何像狗一样思考，如何理解狗的行为，以及如何以狗能够学习和成长的方式与狗互动。

最重要的是，我们学会了，为了让狗狗改变行为习惯，我们必须首先改变自己。这一观念可以应用于所有的人类关系。尽管我们会很自然地留意到孩子犯了什么错，把改正孩子的错误当作是在“修正”我们的孩子，但这种看待孩子的方式忽略了关系改变中的一个关键原则。

维持一段关系就像是两个人在跳舞。如果一个人变换了他的舞步，另一个人也必须要跟着变换。这个比喻尤其适用于我们与孩子的关系。因此，今后，当你希望你的孩子少一些吵闹，多一些倾听时——记住，要想改变孩子的行为，你必须先从改变自己做起!

法则1

优质父母
言出必行

这条原则包含两层意思：

1. 如果你不能或不会强制执行你对孩子制订的规则，那就不要制订这样的规则。
2. 遵守你的承诺。

对于孩子来说，很重要的一点，是要让他知道，你是说话算话的。这能建立起父母与孩子之间的相互信任和尊重，也是保证良好亲子关系的基石（参见法则74）。

因此，如果你警告你的孩子，要是她再从货架上随意拿下一个商品，你会马上离开杂货店，那你就必须要做好离开的准备（参见法则53）。类似的，如果你警告你5岁的孩子，他必须马上穿上外衣和鞋子，否则你不会带他去看棒球比赛，但你的孩子没按你说的去做，故意撒泼，又蹦又跳，那你就必须做到不带他去看棒球赛（但首先要确保，他真的听见了你提出的要求。参见法则29）。

说到做到还有一个附带的好处，它可以最大限度地减少孩子对你忍耐边界的挑战。如果他们知道你一定会言出必行——也就是说，你的行为是可以预测的——那么，他们就会明白，考验你是否说话算话，纯属浪费时间和精力（参见法则34）。

基于相同的理由，遵守你的承诺也同样重要。如果你答应了你的孩子，比如，你将在五分钟内离开自己的电脑，然后读故事书给他听，那么，你就要做好准备，时间一到，一定按你所承诺的去做。如果你经常让他失望，或者改变约定的时间（“宝贝，只需要再多等几分钟”），当你以后再对他承诺某件事时，他最终有可能会不相信你的承诺。

教你这样做：

对你的孩子做出承诺要非常小心，无论你的承诺是与孩子一起做某件事（“我发完这封邮件，就跟你玩篮球”），还是向孩子明确指出违背某个规则的后果（“如果未经我的允许，你把某个商品从货架上拿下来，我们就会马上离开杂货店”）。

确保按照你所说的去做（或者，如果你没能说到做到，也要向孩子承认，你的确做过承诺，并认真向他解释，为什么你没有做到你的承诺）。

法则 2　优质父母知行合一

在我们的生活中，寻求积极变化的关键因素之一，不在于仅仅知道做什么，而在于真正按照我们所知道的去做。

知与行之间的差别非常大。一般而言，如果我们不知道如何做某事，就无法“做”某事，但如果我们知道如何做某事，却不按照所知道的去做，变化就不会发生。

我们都有过这样的经历：知道不应该吃一整盒冰激凌，但却这么做了。我们知道，应该经常锻炼身体，但却没这么做。我们知道，不应该向孩子发火，但却这么做了。

做到知行合一需要不断努力和反复操练。早起锻炼的确不容易，尤其是当我们真的不喜欢这么做时。不对孩子发火也绝对不容易，尤其是当孩子不听我们的话或者不尊重我们时。

我们通常知道做什么事情是对的，但要让我们自己做到这些事情却很困难（或者，不做那些我们想要避免去做的事情）。有时，这是因为我们不知道该如何做到知行合一；有时，这是因为我们没有迈出行动的决定性一步；有时，这是因为我们还没有学会情绪管控的技能（参见法则32）。因此，我们的情绪主宰了我们的行动（参见法则11）。

最终，我们需要知道该做**什么**，也需要知道**如何**去做，然后，我们需要按照我们所知道的去做。这就是产生变化的三步法。

教你这样做：

如果你认为自己需要有所改变，无论是在教育方面还是在其他方面，问问自己以下问题，找到你需要专注解决的问题：

1.知道做什么和怎么做：我的问题是否在于不知道该做什么，或者不知道该如何做。比如，如果你的孩子拒绝刷牙，你知道如何处理这一状况吗（不以强制的方式——比如，你按住他，亲自给他刷牙——或者惩罚性的方式）？

2.执行：我是否有种无力的感觉，因为我知道该做什么，以及如何做，但我还是没有将知识转化为行动？

这种无力感会经常出现，因为我们是按习惯做事的动物，因此，面对相似的情况，我们很难改变惯性的反应。

问问你自己：为了把我的知识转化为行动，我需要怎么做？

比如，如果你知道如何让你的孩子既不吵闹又不吼叫地跟你说话（本书会告诉你如何做到），你会把这些知识转化为行动吗？还是说，你仍然会用老一套的方法应对这个问题？

亨利·福特曾说过一句话，大意是：如果你总是重复过去的行为，你就总是会得到过去所得到的一切。为了让你的生活有所改变，你必须要**做**些不同的事情。

法则 3

优质父母

首先改变自己

作为一名心理学家，我与很多父母打过交道。他们最初的目标是要改变孩子的某些行为，比如，发牢骚、发怒、具有攻击性、任性等。我们很容易发现孩子做错了什么，并且倾向于立即纠正他们的行为，但这种做法忽略了亲子关系中一个关键的改变原则。

正如我在“导言”中所说的，我喜欢把关系比作跳舞。如果一个人变换了她的舞步，另一个人也必须要相应而变。这对于亲子关系来说也同样适用。

所以，要记住，你自己就是改变你与你的孩子关系（或与他人关系）的手段。如果你想要某人有所改变，先改变你自己。

比如，我们可能经常觉得，孩子不听话。于是，总是要对孩子重复同样的话。有时候，为了引起孩子的注意，我们还会朝孩子喊叫（参见法则4）。喊叫似乎很有效果，于是，当孩子确实不听话时，我们就会把喊叫当作利器。我们可能会对自己说："好吧，如果孩子听话，我就不会对他喊叫。"然而，这种看法忽略了我们在亲子关系中所扮演的角色。

这实际上是在无意识中教导孩子，只要我不对你发火，你就可以不用理我。这种状况是如何形成的呢？通过一次又一次对孩子提出同样的要求，我们就向孩子传递出了这样的信息：要么我们放弃（"妈妈并没有把她对我说的话当真"），要么我们朝孩子发火（"妈妈这次是认真的了"）。在这种情况下，正确的做法是不要重复我们的话（接下来父母又该怎么做呢？关于如何让孩子第一时间就听话，参见法则29、47、50和73，获取更多窍门）。

教你这样做：

回想你孩子的一些行为，这些行为是你希望他做出改变的。现在，将注意力转移到你的角色上来，问问你自己：我如何帮助孩子改变这种状况/行为/反应？

你希望他们不再打扰你吗？问问自己：当他们打扰你的

时候，我有没有立即停下手上的工作，把注意力放在孩子身上？（也就是说，他们的打扰成功了吗？）（参见法则23）

你希望他们不再挑战你或者破坏规矩吗？问问自己：我是否总是在设定和维持界线？（参见法则53）

你希望他们不再吵闹或撒泼吗？问问自己：当他们吵闹或撒泼时，我会继续跟他们说话吗？如果是，你的行为就在暗中向他们传递了一种信息：吵闹或者撒泼，是一种可以接受的沟通方式（参见法则21和41）。

一旦明确了你在改变孩子的行为中所要扮演的角色，那就要把注意力放在你如何与孩子进行互动上，这需要持续努力和有意而为。如果你的行为是连贯的、镇定的、坚决的（但不是强制的；参见法则39和54），并持续保持这种新的应对方式，你孩子的行为也会发生变化。

法则4

优质父母
长短兼顾

当我们正要上桌吃饭时，3岁的孩子在另一个房间里大喊大叫，他想要我们马上帮他做件事。我们很容易把注意力放在当下(短期行为)，而忽略更大的图景(长期行为)。此时，如果我们立即去帮他，让他停止叫喊，就能安静地吃完晚餐。看上去，这么做没什么问题啊。

类似的，当10岁的女儿缓步走进我们的房间，那时我们正忙着做其他事情时，她突然长长地叹息了一声："我好无聊啊！"这个时候，我们可能会马上告诉她，她可以做哪些有意思的事情。或者，当孩子无视我们的存在，我们要想引起他们注意的唯一方式，似乎就是怒吼。

在上述情况中——典型的家庭生活每天都会遇到的情

况——非常重要的一点是，我们需要留意，与孩子的日常互动具有长远的潜在效应。比如，当孩子需要得到我们的关注时，如果我们习惯性地停止手头的事情，久而久之，我们就在无意中教会了孩子，他们的需要和欲求总是优先的，我们没有主动让他们学会等待（参见法则33）。

如果我们试图习惯性地“转变”孩子的情绪，包括无聊感，那么，我们就是在教他们，有些情绪是不好的（因为这些情绪需要被转变）。我们失去了一个机会，让孩子学会如何接受和容忍这些情绪，而生活中这些情绪是无法避免的。或者，我们也没能让孩子学会如何管理和控制自己的情绪（参见法则11、13和32）。

类似的，如果我们习惯性地通过喊叫来引起孩子的注意，我们就在无意中教会了他们：只有父母大声喊叫，我才会理他们。我们也“以身作则”地教会了他们，大喊大叫是一种可以接受的获得他人注意的方式。这些例子都有一个关键词：“习惯性地”——只要你持续不断地添加，一粒米也能堆成一座山。

长短兼顾意味着，为了家庭和孩子，尽管我们需要应对家庭生活中的日常挑战，但还需要在心智中保有一个长远的目标。这意味着，我们不能为了短期的解决方案而牺牲长期的目标（参见法则34）。

教你这样做：

留意你的习惯性行为和语言（或者，习惯性的相反行为和语言）。你应该像一个局外人一样观察自己的言行。

关于习惯性行为，问问你自己如下一些问题：

- **我正在做的事情，是否愿意我的孩子加以模仿？**
- **我正在做的事情，是否有利于打造和谐的家庭氛围？**
- **我正在做的事情，是否解决了某个问题，但又造成了另外的问题？**

比如，想象一下，你与你4岁的儿子正在逛商店。他被一个玩具车吸引住了，问你可不可以买一个。你可能会说："不行，宝贝，没必要再买一个了，家里已经有很多个玩具车了。"（不过，建议参见法则6和65，还有另外的沟通方式，可以减少孩子的沮丧情绪）你试图无视孩子随之而来的大声吵闹，但当你走在商场的过道上时，持续不断的吵闹声把你搞烦了，于是，你决定妥协，买下玩具车，让他安静下来。毕竟，花三美元就能带来宁静和安稳，何乐而不为？但其实不然。

尽管买玩具车可以解决当下的问题（立马，孩子就不再吵闹了，你也可以安静地逛商场了），但这么做造成了另一个问题：你的儿子已经学会了，吵闹是有"糖"吃的（至少有时候是如此）。这意味着，下次他想要改变你的看法或者获得你的注意时，他会再次大吵大闹。你的应对方式强化了他的吵闹。因此，虽然你让他在商场里安静了下来，但与此同时，你也亲手为自己将来面临更多的吵闹埋下了“定时炸弹”（参见法则21和53）。

如果你对问题1和2的回答是否定的，或者，对问题3的回答是肯定的，那么，你需要从值得信任的朋友、家庭成员那里寻求反馈和支持，或者，寻求专业人士的帮助，学习和操练应对孩子麻烦行为的新方式。

法则 5

优质父母
将教育视为一种技能

事实上，养育小孩是人类最重要的一项工作，但父母却没有对自己提出学习上的要求，竭尽所能地把这项工作做好。每一项其他工作，甚至是那些不会影响到他人情绪的工作，通常都需要花一些时间来学习和操练相关的新技能。

与我们在生活中所做的大多数事情一样，教育也是一种技能。已经有大量的教育研究可以帮助我们更有技巧地做好教育工作——更有自信，更少压力，得到更好的结果。

将教育视为一种技能，还能在我们犯错时帮助我们克制对自己的苛刻批评，保持一种开放和学习的心态，通过不断的努力提升教育技能，持续寻求新的、有用的教育知识。

教你这样做：

明确你所面临的教育问题（你的孩子会帮你明确你的问题！），学习新的知识和工具，改进你的教育技能（参见法则2）。

当你犯错时，对自己的评判要保持克制（“我是一个坏妈妈/爸爸”），然后，通过获取更多知识、支持和实践，改变你的错误行为。

法则6 优质父母能运用好同理心

同理心可能是所有父母都具备的最有力的单一教育工具，它总是很有效。如果你不知道该怎么教育孩子，那就试试同理心。同理心是这样一种力量，它能让其他人有一种得到理解的感受，这种感受反过来又驱散了不愉快的事态和冲突的关系（见注释2）。

同理心具有回避或驱散冲突关系的力量（参见法则61）。同理心还能创造出一个情感上的安全场所，使我们的孩子能够体验艰难的感受，比如，被拒绝或失望。

请注意，练习运用同理心的时候，并不必迫使你改变或修正孩子的行为。比如，你可以运用同理心理解你儿子的不满，因为他对在车上系安全带感到很不舒服，但你不需要把安全带抽出来，帮他系上。你只是有一种感受，你对孩子的情绪有了一种真实的理解，并且验证了这种感受（参见法则32）。

教你这样做：

以后，当你面临任何教育挑战时，从同理心开始，聚焦于对孩子的理解上。这种做法非常管用（处理成人关系时也管用）。

例如，你的孩子非常烦躁，因为在他可以去朋友家之前，他必须完成自己的家务活。不要提醒他为什么应该先做家务活（也就是说，不要用理由去说服他），而是先要与他感同身受。我们都知道，如果事情不如我们的意，我们会有什么感受。

“我知道你很不开心，必须做完家务才能去蒂姆家。我能理解为什么你会感到沮丧（承认孩子的感受）。**当我需要等一段时间才能去做我特别想做的事情时，我也会感到不开心**（确认这种感受）。**”**

注意，当你对孩子的感受表示深深的理解时，展现同理心会带来巨大的影响。因此，如果你仅仅说，“我明白了”，或者，“我理解你的郁闷”，然后，给孩子指出正确的行为方式，那么，这样做的效果就不如单单地向孩子表明你有多理解他。

比如："我能理解你为什么这么生气和失望。我昨天告诉过你，今天放学后，我们将一起去游泳。结果，我接你接得太晚了，没能去成。你肯定一整天都在期待游泳，但最后却没能游成。"

除了对孩子独特的体验世界的方式抱有同理心之外，练习同理心还意味着，你要帮助孩子学会如何设身处地地为他人着想。这是一种保持良好人际关系的基本生存技能，它是幸福和成功的基石。

你可以通过问孩子如下问题来教他们："当同样的事情发生在你身上时，或者，如果这件事是你做的，你会怎么想？"你还可以用一种反省的方式谈论自己的感受（比如，"如果非要提醒你，你才会在饭后打扫卫生，我会感到很沮丧，因为这意味着，我花时间弄饭菜的辛苦没有得到你发自内心的尊重。"）。

法则 7

优质父母
慎用“但是”

操练同理心（参见法则6）是增强我们与孩子情感纽带和关系的最佳方式。我们会停下来倾听，然后，承认孩子的感受。然而，这种良好的努力，会被一个简单的词语所破坏：“但是”。

我用法则6中的例子来阐明这个观点：“**宝贝，我知道，你很郁闷，因为你不能马上去蒂姆家。我能理解，为什么你会这么沮丧。要是我必须推迟我马上就想做的事情，我也会很不开心。**”

说得很好！但是，我们经常会补充一句：“**但是，你知道，你必须先做完家务活，才能去蒂姆家。**”

“但是”是一个负面词语。当你在表达了同理心之后又用到这个词（比如，“我能理解你的郁闷，但是……”），就会削弱之前表达同理心的效果。这个简单的词语会破坏你刚刚营造好的情感氛围，重燃冲突的战火。

教你这样做：

当你回应孩子的情感态度或表达时，不要说“但是”，可以试着用另一个词组来表达——“与此同时”（还有其他一些好用的替代词语，比如，“并且”和“同样”）。说“与此同时”意味着，用两种方式看待孩子的行为都是同样有效的，它没有“更好”或“正确”的意味，因此，可以让关系的冲突最小化。

“宝贝，我知道，你很郁闷，因为你不能马上去蒂姆家。我能理解，为什么你会这么沮丧。要是我必须推迟我马上就想做的事情，我也会很不开心。与此同时，请记住，我们有一条家庭规则，只有做完了家务，才能出门聚会。”

同样的信息，带来了更少的冲突（参见法则65，还有另一种简单的语言风格的变化，可以对孩子产生很大影响）。

法则8

优质父母
尊重孩子的世界

尊重孩子的世界，听起来很容易做到，直到你发现，孩子的世界与你自己的大不相同。尊重孩子的世界意味着，让他们自己去感受、思考和体验世界，尽管他们的方式不同于我们的。要做到这一点，同理心就是一个很有用的工具（参见法则6）。

与过度干预一样（参见法则13），不尊重孩子的世界也是我们常常没能意识到的问题。我们经常在不经意间无视或打压孩子的感受和看法，因此，我们必须要仔细留意（参见法则17）对待孩子的这些方式。

这里有个小小的案例，是我好几年前听说的，它阐明了父母如何不尊重孩子。有一天，露营结束后，一个父亲去接他的女儿。当他到达露营基地时，女儿正与朋友玩得不亦乐乎。父亲告诉女儿，该走了，女儿回应说：“我还不想走，我正玩得高兴呢！”父亲回答说：“但你已经玩了一整天了，也玩够了啊。”女儿开始有点生气了，再次反抗说，她还不想走。这样的对话来回拉锯，最终父亲坚决拉起女儿的胳膊，把她弄进了车里。

要处理好这种情况，更有技巧的方式应该是，从一开始就运用同理心。当女儿说她不想走时，父亲可以回应说：“宝**贝，我知道你玩得很开心，你真的不想离开**（同理心）。**我也很不想你离开。与此同时，我们要与妈妈一起吃晚饭，如果我们迟到了，就很不礼貌**（给出理由，参见法则46）。**请对你的朋友们说声再见，然后，做你现在应该做的事情**（命令）。”

这里还有另外一个例子，说明我们如何在无意识中不尊重孩子的世界，这么做让我们与孩子产生了冲突，事与愿违。

有一个小学一年级的学生，非常不擅长做数学作业，他感到很沮丧，然后说：“我不会做！”很多好心的父母会类似这样回应说：“不，宝贝，你会做！我现在就向你证明这一点。”

通过告诉孩子，他真的可以搞定让他感到痛苦的数学题，父母意在鼓励孩子持续努力。尽管这种意图是好的，但实际上，你以这种方式告诉了孩子，他自己的感受是错的，你挑战了他的现实感受。

诡异的是，这种回应方式会让有些孩子更坚持自己固有的看法：“不，我就是不会做！”现在，很不幸的，情况从孩子对家庭作业的沮丧升级成了没能得到父母理解的沮丧/生气/悲伤。

同样，要想处理这种情况，更有技巧的方式还是得从同理心开始。“**宝贝，我能理解你在努力搞定数学题，而且你感觉这些题非常难**（同理心）。**需要我给你一个拥抱吗？**（拥抱或者其他亲密的肢体接触，参见法则19。）**好吧，告诉我，你觉得哪些题目很难；让我们一起来想一想，看我们是否可以用其他方法解答这些题目**（指导，参见法则45）。**我明白，这些数学题对于你现在的水平来讲是有些难**（避免给孩子下定论，参见法则43）。**与此同时，我相信，你可以搞定它们。**”

在这个例子中，需要注意到很重要但又很细微的差别：一个是“你可以搞定它们”，一个是“我相信，你可以搞定它们”。关于前者，你陈述的是一个事实，而这与孩子的感受不相符。关于后者，那只代表了你个人的观点。

教你这样做：

要留意反映和呈现同理心的各种机会，以便用一种不同的方式来理解孩子所体验到的世界。要让你的孩子拥有自己的感受和看法，哪怕你不理解或不同意他们的看法。

如果你想表达异议，也要试着先承认孩子看待事物的方式，而不是直接陈述事实。比如，有个孩子说：“这个公园不好玩，我不喜欢这里。”请对比以下两种假想的父母回应的方式：

- **不是啊，这个公园挺好玩的啊；跟我们经常去的公园一样好玩啊。**
- **嗯，你认为这个公园不好玩，但我的看法跟你不一样。我想，不同的人对同一个事物，有不同的喜好。**

第二种回应方式让父母表达了自己不同的观点，而第一种回应方式意味着，只有一种正确答案（父母的）。

类似的，如果你的孩子为某事感到烦心，尊重他们的现实世界意味着，不要说“不要哭”或者“没事”（两者都没有承认他们当时的感受），而是要说，“我能理解你的心情很不好”。

法则9

优质父母
接纳孩子本来的面目

接纳孩子本来的面目与爱孩子不是一回事。如果孩子所喜欢、所追求、所思考的事物是父母不能容忍的，即便很多父母还是很爱自己的孩子，但他们同样也会羞辱或拒绝孩子。

我所使用的“接纳”这个词，包含了爱的意思，但接纳比爱更难做到。你可以把它称为“无条件的爱”。

然而，接纳孩子本来的面目，并不意味着你喜欢或认同孩子的所有行为。这一点非常重要。当你接纳了你的孩子，你就是在爱他，并接纳他本来的面目，而不是必然接受他的行为。你需要在作为一个人的孩子和孩子的行为之间做出区分（参见法则11）。（我所使用的“行为”一词，适用于任何人所经历的行为，包括说话。因此，行为既包括我们做了什么，也包括我们说了什么。）

将一个人与他的行为区分开来，有利于弄清什么是重要的，什么是不重要的。你的孩子的自我意识——他的思想和感受——是重要的，你的目标应该是要学会理解和接受它们。试图改变孩子的思想或感受很难获得成功，还很有可能破坏你们之间的关系（参见法则39）。

另一方面，你所观察到的孩子的行为，包括他所说的和所做的，则必须符合与是非对错有关的道德规范。

两者的区别在哪里呢？行为事关纪律和规则，而思想和感受则与之无关（参见法则11）。

教你这样做：

要区分你的孩子的思想/感受和他的行为/话语。比如，如果你的儿子悄悄告诉你，他希望他没有弟弟就好了，你可能想要惩罚他，因为他明显缺乏兄弟之爱。但你反对他的感受，并不能改变他的感受。进而，很有可能，你的儿子今后将不再与你分享他的感受。

相反，允许他有自己的感受，并试着对他的感受表示出好奇。“宝贝，为什么你会这么想呢？”（他的回答可能会帮助你找到改变的方法，使他逐渐爱上自己的弟弟。）当你听到孩子的感受时，你可以自由表达自己的感受（参见法则

15)，只要你的表达方式不是在羞辱他，或让他很有负罪感（参见法则10）。**“我不知道你是这么想的，我很高兴你把你的想法告诉我。不过，你的想法还是让我感到很难过。”**

同时，如果你在任何时候发现你的儿子对待弟弟的方式是不可接受的，那就务必要设立清晰的规则和界线。另一方面，除非你的儿子真把他对弟弟的感受转化成了实际行动，否则，他的感受也只不过是感受而已（参见法则19）。

法则 10

优质父母
避免毒舌伤人

你曾经说过如下这些话吗?

- **“你把我搞疯了!”**
- **“你犯什么傻了啊?”**
- **“你真是个坏男孩 / 女孩!”**
- **“你最好______，否则______!”**

我们时常被眼前的情绪所捆绑——急于让孩子收拾整齐，出门上学；或者，急于让孩子上桌吃饭——于是，我们经常发现自己所说或所做的事情，根本没有考虑到这些话语或行为的长远影响(参见法则 4)。

尽管要在心急火燎的时候仔细斟酌适当的语句，确实非常困难，但我们的语言的确会对孩子造成重大影响，尤其是当有些话被反复说出来时。如果这些话通常很刻薄或很苛责，我们与孩子的关系大概就会很糟糕。

相反，优质父母总是尽量用爱的语言和行为来与孩子交流，即便有时他们不认同孩子的行为（比如，不认同孩子所说的或所做的）。

我把这种原则称为“孩子归孩子，行为归行为”（参见法则9）。通过建立这种区分，哪怕是在规范孩子行为的时候，我们也能够与孩子保持一种牢固的情感关系（参见法则39）。这一原则同样强化了一种类似的观点：行为是一种选择（参见法则11），而孩子是可塑之材（参见法则36）。

前述毒舌语句的问题在于，它们采用了谴责（“你把我搞疯了！”）、羞辱（“你犯什么傻了啊？”，或者，“你真是一个坏男孩/女孩！”）和威胁（“你最好_____，否则_____！”）等手段，来激发行为的改变，而不是基于理由（参见法则46）、同理心（参见法则6）和演练（参见法则73），采用带有权威性的（参见法则38）、实事求是（参见法则54）的方法。这些话把焦点放在孩子这一整体上，而不是放在他的行为上。

在几乎每种情况下，孩子的问题不外乎是，孩子说了什么，或者，做了什么（我所谓的“行为”）。谴责、羞辱或威胁，最终会适得其反，因为这些方法不是聚焦于真正的问题（行为），而是暗示孩子本身就是一个问题。这些方法只会破坏亲子关系。

使用谴责性的语句（“你把我搞疯了！”），就是把事情归结为是孩子犯下的错，而不是承认所有事情的发生都有很复杂的因果关系，包括父母自己的认知、情绪、先前的经验以及期望。

使用羞辱性的语言（“你犯什么傻了啊？”）传递出了这样一层意思：孩子是有缺陷的，父母把注意力放在了孩子作为一个人的缺陷上，而不是放在如何让孩子在将来具有不同的行为方式上，帮助孩子塑造一种更积极的人生。

使用威胁施压的语言（“你最好_____，否则_____！”），给孩子传递的潜在信息是，为了得到自己想要的东西，强迫和恐吓是一种可以接受的方式（比如，如果你能通过威胁的方式让孩子听话，那么，孩子为了得到自己想要的，为什么就不可以威胁父母呢？）。

记住，孩子所犯的错误，有很多只是看上去是错误，但实际上，只不过是孩子自我探索的结果（参见法则34），或者，只是孩子想要满足自己短浅的欲望和需求。

相反，我们可以让孩子明白，行为是一种选择；我们应该向孩子强调，他们能够学会更好地做出选择。做出一个坏的选择或者行为，并不意味着他们就是坏人，只不过是表明他们犯了一个错误，需要得到更多的练习和指导（参见法则45和73），以便在今后做得更好。

教你这样做：

试试下面的语句，把注意力放在孩子的行为上。在使用这些语句的时候，要知道**为什么**那种行为是有问题的，然后探讨（也许还可以练习）下一次你的孩子会怎么做。

“我不喜欢那种行为。”

“当你______时，我不喜欢它，因为______。”

“对你来说，______是不对的，因为______。”

比如，当你走进客厅，发现你6岁的孩子正在把你最喜欢的沙发靠垫用剪刀剪成碎片，你很可能会大吼，“你在做什么傻事？”但是，要记住，孩子的行为几乎总是在试图满足短浅的欲望和需求，比如，吸引你的注意，获得知识（如果我这么做，会发生什么？），或者创造某种参与行为（这么做肯定很好玩）。

稍微冷静一下，做个深呼吸，然后，对孩子所说的话一定要专注在其行为上，而不是人格上：“**破坏一件不属于你的东西，你的这种行为是不对的。你这么做让我真的很生气**（父母的感受，参见法则15）。**我知道，剪刀很好玩**（同理心）。

与此同时，那些靠垫是我的，现在，它们没法修补好了（理由）。**为什么你要剪我的靠垫呢**（了解孩子的目的或感知需求）？”

一旦你了解了他们的目的，下一次你就可以采用不同的应对方式（参见法则22）。当然，如果运用得当，你还可以就行为的后果向孩子提出严正的警告（参见法则47）。

最后一个要点：除了让你的话语专注于孩子的行为，还要注意你的非言语沟通行为——肢体语言、说话的语气、姿势，等等。这些非语言线索也是很有力量的，可以改变你话语的含义（参见法则30）。

法则11

优质父母
教孩子体会自己的感受、选择自己的行为

感受就是感受。一般情况下，无论我们怎样努力，都无法随意改变或控制自己的感受（试想，如果有人建议你振作起来，你真的就能马上振作起来吗？）。然而，我们能够承认和接受自己的感受。感受是会发生变化的，因为感受的本性就是如此（我们也可以让感受产生变化，参见法则32）。

另一方面，行为更容易被我们的能力所掌控。

尽管我们习惯于通过责怪自己的感受（“我只是太生气了”）或者通过责怪他人（“你太让我生气了！”）来原谅我们所犯的错误，但从根本上说，行为是一种选择。

即便处于强烈的情绪争战之中，比如，愤怒，我们也总是有可能先平静下来，然后，就如何应对这种情况做出选

择。我们不必想什么就说什么，也不必依照情绪来行动。

比如，感受可能使我们想要怒吼或嘲讽，但我们可以选择不把情绪转化为行动。相反，我们可以做出选择，以尽可能建设性的、有技巧的方式做出应对。

然而，一旦有了一种强烈的情绪，这种情绪就会损害我们的理性思考能力，无法让我们以一种更好的、更有技巧的方式做出回应（参见法则49）。出于这一原因，当我们处于平静和放松的状态时，最好提前考虑、计划甚至是操练更好的应对方式（参见法则73）。

优质父母会指导孩子如何体会自己的感受，如何对自己的行为做出选择。也就是说，教孩子如何应对，而不是教他如何反应。优质父母还会以身作则。通过言传和身教，让孩子知道，拥有自己的感受不是件坏事，但要把感受转变为行动（吼叫、打击、逃避，等等）不一定都是好事（或是有意义的）。

相关的具体教导原则，参见情绪教育章节（法则32）。

教你这样做：

这里提供一个案例来说明该如何做。想象你的女儿过了深夜12点才回家，你之前已经严正警告过她（参见法则47），违反作息纪律的后果就是，下周出门聚会的资格将被取消。

这意味着，女儿将错过她最好的朋友组织的聚会。令人沮丧的是，女儿朝你发火说：“我恨你！你是个讨厌的妈妈！”

如果你打她、对她发火（“你胆子好大！”），或者一味地指责她（“这只能怪你自己”），你们的冲突很可能会进一步升级。相反，在实事求是的基础上（参见法则54），你可以说：“**宝贝，我知道，你也为这事难过，希望它没有发生。换作是我的话，错过德比的聚会也会让我感到失望的**（同理心，参见法则6）。

我能理解你为什么会对我生气，甚至现在你会觉得很恨我（验证感受）。**与此同时，你不应该把那些话对我大声说出来**（选择你的行为）。**你这么想和这么感受是没有问题的，但大声说出来就是不尊重人和伤害人了**（理由）。**当明早我们都冷静下来时，再来讨论这个问题吧**（停止行为，参见法则71）。”如此一来，问题解决了。

如果你的孩子非要把你拉回对话中（“你从来不听我说的是什么！”，“你从来不介意我的感受！”等等），你还是要基于事实，重复向她声明，当稍后你们两个都冷静下来时，你们会认真讨论这个问题的。千万不要带着情绪重新进入对话。重复你的声明：“**当明早我们都冷静下来时，再来讨论这个问题吧。**”

法则12

优质父母
都不完美

所有的父母都会犯错。这既是一个学习成长的过程，也是人类生活必不可少的一部分。我还没碰到过，包括我自己在内，从来不犯错的父母。

即便我们掌握了做父母的教育技能（参见法则5），也仍会犯错，这主要有两方面原因：

1. 我们不可能总是处于专注状态（参见法则17）。比如，我们分心了，没有注意到自己的怒气正在上升，处于爆发的边缘。然后，我们发现自己大发雷霆了。或者，没有注意到孩子正在抱怨，因为当她问我们问题时，我们只是糊弄般地应付了她（参见法则23）。
2. 我们不能总是做到言出必行（参见法则2）。比如，我们知道，自己的行为应该有一致性（参见法则53），

但由于太过疲累，以至于无法集中精力做到这一点。

优质父母会对自己的错误行为负责。他们知道，当有必要向孩子道歉时，这么做是一种非常有效的方式，可以教孩子形成正直诚实的品格，而孩子也会模仿父母的行为。然而，如果你发现自己老是在为同一件事向孩子道歉，你道歉的效果就会减弱。在这种情况下，应该考虑寻求心理健康专家的帮助，让你了解和改变那些持续不断发生的错误行为。

优质父母知道，道歉不会削弱他们作为父母的权威，相反，它是一种自信、正直和有担当的表现。

记住如下这一点也很重要：多数情况下，在教育过程中所犯的一些小错误不会对孩子的健康成长有很大影响。研究发现，父母对孩子成人后的品格和行为只有部分影响（见注释3）。

对我们的错误行为负责，要求我们发展出自我意识（参见法则18），掌管我们的感受和情绪（参见法则15）。如果你的孩子也能做到这一点的话，你会既惊讶又开心。

教你这样做：

下次，当你发现你的行为不符合你的价值观或标准（比如，对孩子失去耐心，朝他发火），给自己一些时间，冷静下来，然后对孩子说：“**之前向你发火，我感到很抱歉。我今天的工作很不顺利，这让我没了耐心。不过，朝你发火仍然是不对的，我非常抱歉。**”

法则13

优质父母

允许孩子犯错和受挫

你要成为孩子的人生教练，让孩子成为球场上的球员。

我所谓的父母“过度干预”有很多不同的形式——帮孩子完成家庭作业；当你5岁的女儿忘了穿大衣（又一次），你亲自把大衣送到学校；在吃完零食后，孩子准备跑出去玩，而你从孩子手上接过了他吃剩的零食和食物袋——这些例子都有一个共同点：你替你的孩子做了他们自己可以做的事情，或者做了他们自己可以学着去做的事情。

比如，如果你总是在孩子把大衣（或者午饭、家庭作业或其他什么事物）忘在家之后，把它送到学校，孩子就不会因为忘穿大衣（或者忘带午饭或家庭作业）而感到自责，而这种自责本来可以让她纠正自己的行为。

如果你总是提醒孩子要做家庭作业，这样她就不会搞忘，也就不会在成绩上得到很低的分数。但是，你这么做，又一次替孩子做了她自己该做的事情。虽然短期内你的做法可能是有效的，但长期来看，却是有问题的，因为你的孩子失去了学习如何对自己负责的机会，或者，如何操练重要的生活技能，比如，时间管理（参见法则4和法则45）。

父母的过度干预通常是无意而为之的。他们之所以这么做，部分原因在于生活太忙，他们只是希望应付好日常生活；部分原因在于他们可以比孩子做得更好更快；还有部分原因在于，他们不想看到孩子不开心或者犯错误。

然而，犯错和经历“失败”、失望和尴尬，是基本的人生经历。它们可以成为孩子学习的机会，让他们学习如何做得更好，学习一项新的技能。父母本能地想要孩子免受挫折，但当父母这么做的时候，孩子今后将会为此付出代价。

我们也许会有意回避某些短期痛苦或不安（既是为了父母，也是为了孩子），但从长期来看，我们也在无意中剥夺了孩子学习和实践重要生活技能的机会，而这种机会是最好的机会，因为孩子毕竟还处于家庭环境的保护之中。

过度干预还会产生另一个重要的负面影响：它会成为紧张的亲子关系的来源。以前述提醒孩子做家庭作业为例。经常发生的情况是，当你提醒（最终是强迫）孩子做家庭作业时，他们会拖延和抗拒，然后，紧张关系就开始了。如果你从一开始就不这么做，会发生什么呢？

请注意，我不是在建议，父母绝不要帮助自己的孩子，或者绝不为孩子做他们力所能及的事情。帮助他人和奉献他人，这是家庭生活中很重要的价值观。我在这里的意思是，父母需要思考，你经常替孩子做哪些事情，这些事情让孩子去做是否更有利于他们学到东西。自信和真正的自尊都来自于对自己能力的信心，而这种信心又来自于学习新技能、从错误中学习，等等。

教你这样做：

留意你替孩子做的很多事情，然后问问自己：

- **为什么我要这么做？**
- **我的孩子有能力自己去做这件事吗？比如，为全家做家务活？（如果孩子有能力做家务，考虑教会他做。）**
- **如果我不替孩子做这件事，结果会如何？**

试着不去做你经常为孩子所做的那些事情，让他们提前知道，你不会再帮他们做这些事了。

“我注意到，每天晚上，我总是提醒你要做家庭作业（自我意识，参见法则18）。**我认为，你应该自己记得按时做家**

庭作业（无罪推定，参见法则36），所以，我不会再提醒你了（严正的警告，参见法则47）。如果你忘了做，或者，故意不做，那是你自己的事情（自律）。如果你总是不做家庭作业，我想，这肯定会影响到你的学习成绩（预先交代后果，参见法则35和法则50）。如果你在做家庭作业的过程中遇到了难题，需要帮助，我一定会乐意帮助你，只管问就是。”

如果你的孩子需要你帮助提醒他时间，或者，帮助他管理时间，又该怎么办呢？（参见法则45）

如果父母不停止替孩子做事情，以便让孩子过得更愉快，让孩子免受挫折——比如提醒他们做家庭作业——结果是很可怕的。如果我们不马上停止这么做，随着孩子年龄的增长，他们会越来越依赖于父母去替他们做事情。

这里还有一个关于过度干预的小小案例：孩子刚吃完零食，或者刚做完某件事，来到妈妈或爸爸面前，将手中的垃圾交给爸妈，然后就跑出去玩了。妈妈或爸爸接过了这堆垃圾，扔掉了它。如果你曾经这样做过，为什么你会这么做？如果孩子已经可以走路了，他们自己可以把垃圾放进回收桶，必须要让他们养成这种好习惯。

法则14

优质父母
不会急于“改变”
孩子的感受

类似于急于“改变”事态（比如，忘了做家庭作业，或者忘了带午饭），急于“改变”感受源于一种良好的主观意图：希望让孩子远离不安、失望和失败（比如，感冒、饥饿、老师的惩罚、成绩很差，等等）。改变感受实际上是过度干预的一种更加微妙的表现形式（参见法则13）。

为了改变孩子的感受，我们试图不让孩子经历不愉快的或者痛苦的情绪，小到无聊的情绪，大到面对社会拒绝的情绪。在多数情况下，我们还希望自己不要看到孩子体会不愉快的或痛苦的感受（参见法则15），因为这会让我们感到不愉快。要做到不改变孩子的感受并不容易，但我们必须学会容忍孩子受到的挫折感，最终让孩子也能容忍这种感受。我会反复强调，这是一个非常重要的原则：学会容忍孩子受到的挫折感，最终孩子也能面对自己的挫折。

尽管父母试图阻止孩子经受挫折的行为是可以理解的，但这么做，父母就在无意中剥夺了一种机会：通过父母的帮助和指导，让孩子学习和操练解决问题的技能。

这里有两个例子，解释了我所谓的"改变感受"是什么意思：

你的孩子走进你正在工作的房间，唉声叹气，然后说："我太无聊了！"你很容易下意识地做出回应，给他列一个长长的活动清单。但这种回应方式实际上是在鼓励孩子，今后凡是遇到类似情况，都来找你解决问题，而不是自己解决它。

相反，要试着让你的孩子经历一下无聊的感觉！为什么要这么做呢？人们总是倾向于避免不开心的经历，因此，如果无聊对孩子来说不是件愉快的事，他们很可能会自己去寻找克服无聊的方案。现在，他们可能已经开始发挥想象了，最终，他们会明白，他们自己可以解决无聊这个问题。

如果你认为，你必须帮助他们克服无聊（或者类似的问题），那你也最好要抵制住直接告诉他们该做什么的冲动，要与他们沟通，找出解决问题的办法，并分析解决问题的全过程。比如："好吧，你以前喜欢做哪些事情？让我们来列个清单。"（参见法则45）

当你从学校把孩子接走时，她泪汪汪地说，“每个人都恨我”。作为父母，听到这句话一定很痛苦。因此，父母最自然的反应肯定是：“不，他们不恨你，宝贝！阿曼达呢，她是你的好朋友啊。”当然，很有可能，你孩子对情况的感知不完全是准确的。但是，你这么对她说，即便说得再好，她也可能会觉得你没有真正听她在说什么，没有真正理解她（参见法则8）。

试图改变她的感受，还传递出这样一种意思：她的那些感受都是“错误的”（但实际上，这些感受都是正常的情感体验，总会过去的），或者，她没有能力应对那些感受（因此，你不得不加以干预）。此外，正如我之前所说，试图改变孩子的感受，没能给孩子机会，去学习如何接纳那些感受，或者实践情绪管理的技能。

教你这样做：

当你注意到，你的孩子正经历某种感受，而这种感受你很想去改变它（比如，无聊、拒绝、焦虑），你要让自己冷静下来，提醒自己，这对孩子来说是一个机会，可以让他在你的指导下练习一些有用的生活技能。

从强调她的感受开始（参见法则6）：**“噢，宝贝，我敢肯定，当你认为每个人都恨你时，你肯定会感到伤心和孤独。**

我遇到这种情况，也会有跟你一样的感受。”你应该以这种方式开始对话。

当时机合适时，你可以扮演教练的角色，用开放式的问题来引导孩子的思考，鼓励她从不同的角度来想问题：“**那么，今天发生了什么事情，让你觉得每个人都恨你？……哦，是不是你想玩游戏的时候，其他女生似乎没有理睬你？**（回想）……**还发生了其他什么事情吗，让你有这样的感受？**”等等。

这么做的部分目的在于，帮助你的孩子从其他角度看待问题，希望孩子能得出如下结论（通常会如此）：还有其他的、同样有效的方式来理解已经发生的事情。

记住，你没必要改变事态，或者，让你的孩子有更好的感受。你只需要显现出你的同情和存在，然后，帮助你的孩子学习体会她自身的感受，让她自己做出行为选择（参见法则11和32）。

如果情况要求你对孩子的感受做出某种回应，你所应该做的，就是与她讨论不同的行为选项，帮她梳理（而不是命令她）做出行为决策的过程，然后，让她自己去应对问题。（当然，还有一些情况是父母必须马上介入的，比如，孩子受到欺凌或虐待。）

法则15

优质父母
能控制自己的情绪

我们经常认为，如果不是某人做出（或者没有做出）某种事来，我们就不可能有这种情绪。即便如此，我们每个人还是要对自己的情绪和行为负责。

我们的孩子似乎经常惹我们生气，尤其是在我们最忙的时候，因此，这都是孩子惹的祸。然而，我们的情绪由一张复杂的网格所引发，包括信念、预期、基因、经验和习惯。比起其他人对我们做了些什么，让我们的情绪受到更大影响的是，我们自己是怎样一个人。

比如，想象一个场景。我们的孩子正在一间房子里玩耍，我们告诉他停下来，上桌吃饭，但他没有听我们的话。如果我们相信，他之所以不听话，是因为他故意无视我们，那么，我们很可能会生气，并因此对孩子发火。另一方面，如果我们相信，他没有听话是因为他正专注于他正在做的事情（参见法则29），或者是因为他在测试我们，想知道如果他无视我们，会有什么后果（参见法则34），那么，我们可能会保持冷静，然后找出吸引他注意力的方法。简单来讲，我们如何回应孩子取决于我们如何**认知**孩子。

同样值得注意的是，我们可能在无意中让孩子养成了不听话的习惯，因为我们总是不断重复同样的话。那应该怎么做才对呢？参见法则46、47、51、71和72。

对我们的情绪负责并不意味着，你的孩子所做的任何（也即是说，他们的行为）事情都是对的，你仍然需要管教孩子的行为。它只是意味着，你的孩子不会对**你**如何看待他们的所作所为负责。他们只对**他们**的情绪和**他们**的行为负责。

教你这样做：

以后，当你发现自己对孩子很生气或很沮丧时，问问自己:**为什么我会有这种情绪？**（参见法则18）

对你给予自己的回答提出质疑——你怎么知道你的答案是正确的？

记住，你的想法只不过是你的想法而已，不一定符合事情的真相。它们只是你个人对于事情的理解，而不是事情本身。

此外，如果你能对你的情绪负责（比如，你可以说“我烦透了”，而不是“你真烦人”），你遇到的冲突就会减少。后一种说法很可能会激起其他人的防御心理，让彼此的冲突升级。而前一种说法就不会引起冲突，因为那只是你个人的感受。

无论你的情绪如何，记住，在任何情况下，最有效的应对方式，都不是应激式的回应，而是让你自己冷静下来，基于你的目标，选择一种建设性的回应方式（参见法则11和32）。

也可以参见法则16。

法则16

优质父母

不掩饰自己的情绪和感受

在单位忙碌了一整天后，当我们回到家中，工作上的压力和情绪经常会伴随着我们，体现在我们与家人的关系之中。孩子对我们的情绪和行为非常敏感（参见法则34），他们几乎总是能够觉察到我们行为举止的变化，甚至还会问我们为什么会发生这种变化。

类似的，如果我们收到了某些深刻影响情绪的讯息（比如，心爱的人去世了，失业了，诊断出大病了，等等），孩子会觉察到我们身上的变化，即便我们尽可能不让这种情绪显露给他人。

很多父母尽力不让孩子遭受不愉快或痛苦的经历，这种父母通常也会将自己的私人情绪隐藏起来。他们不会说发生了什么事，或者，他们是怎么想的。他们不希望孩子觉察到自己的情绪，从而，孩子就不会受到情绪的影响。这种做法尽管有爱的动机在里面，但通常会适得其反，因为，哪怕年纪再小的孩子都能意识到情绪，辨识出压力，体会到同理心。(见注释4)

当我们感到伤心、生气或被激怒时，我们的孩子和其他熟识我们的人都能觉察到这些情绪。如果我们试图掩藏这些情绪("没事，宝贝。为什么你要这么问?")，我们就是在制造行为的不一致性，我们说出来的内容与孩子感受到的内容是不一致的(参见法则30和31)。

孩子同理心的"感知器官"已经注意到我们的非语言线索(肢体语言、语气语调，等等)，但我们却告诉孩子，他们的直觉是错误的。这种不一致性会让孩子深感震惊，因为他们已经强烈地感觉到父母的情绪有些不对，但他们的直觉被最信任的成年人或权威人物否定了。随着时间的推移，这种反复的对直觉的否定，会让孩子更难相信他们自己的感觉。

当我们掩饰自己的情绪时，也是在向孩子传递这样一种信息：有些情绪是很糟糕的，因此，我们要把它们隐藏起来。掩饰情绪还阻碍了自我意识(参见法则18)和情绪管控能力(参见法则32)的发展，因为如果孩子不知道如何认知情绪，他就无法学会管理情绪。

相反，通过掌控自身情绪（参见法则15），以及用一种与孩子年龄相匹配的适当方式向孩子承认这些情绪，父母可以成为孩子培养自我意识和情商的榜样。把你的感受分享给你12岁的孩子与把你的感受分享给你2岁的孩子，是有很大区别的。

当你与孩子分享你自己的感受时，这同样是一个很好的机会，可以与孩子分享你所使用的管理情绪的方法。

教你这样做：

今后，当你带着一种糟糕的/伤心的/生气的心情回家时，不要让你的孩子主动来问你的状况。他们很可能已经觉察到了你的情绪，只不过没说出来而已。但如果他们主动问起了，你就一定要承认你的感受，哪怕你不说出形成这些感受的具体细节。

这里有个例子，一个妈妈对她2岁的孩子表达自己的感受：**“妈咪现在觉得很生气，很伤心，因为今天在工作中发生了一些事情。有同事针对我，这让我很心烦。所以，如果我现在对你的态度有些不好的话，这就是原因所在。”**

对于一个12岁的孩子：**“宝贝，今晚我可能会心烦意乱，情绪也不好，请给我一些空间。今天，我感觉上司不公正地批评了我，为此，我感到很沮丧。我要想想该如何应对这种情况。”**

对孩子的成长而言，父母自我感受的表达是无价的。它除了能够作为孩子培养自我意识和情商技能的榜样，还可以教导孩子，心智状态会对自己以及他人的行为产生影响（这通常被称为“行为心理化”）。如果孩子具有行为心理化的能力，他们就能理解，人的思想和感受能够影响人在生活中的行为，而这种理解对于发展孩子的如下能力是很关键的：“体会自己的感受，以及选择自己的行为。”（参见法则11）

法则17

优质父母

保持专注

要对当前和当下发生的事情保持专注，困难之大，出人意料。作为成年人，我们经常想起过去发生的事情（我对上司说的话得体吗？），或者，谋划未来将发生的事情（记得在回家的路上买几个鸡蛋），这让我们很容易忽略当前所发生的事情，甚至忽略了内心感受。我们急于完成各项工作，同时还要被智能手机分心，这些都让我们更难保持对当下和当前的注意力。

类似自我意识（参见法则18），关注我们自己、关注某个时刻、关注某个时刻与我们在一起的人，这些能力是实现优质教育（以及良好生活）的基石。当我们不再关注自己，我们就会忽略某些线索，比如，急促的心跳或高亢的嗓门。

在我们的情绪失控之前，这些线索可以作为提醒：我们的火气正越来越大。

当我们不再关注眼下的时刻，我们可能会忽视这样一个事实：刚才，为了给自己买一刻清净，我们满足了一直在哭闹的孩子的需求，给她买了她想要的那个玩具（参见法则23）。当我们不再关注孩子，可能就不会注意到，他正在无礼地跟我们说话，但我们居然能让这场对话持续进行，只是为了把自己的观点表达出来。

在教育过程中，很多父母多数时间开启的都是自动驾驶模式，没有留意或思考我们每时每刻的感受和与孩子的互动所造成的影响。然而，如果我们不留意孩子的错误行为，就很难改变它们（参见法则2和法则12）。

教你这样做：

一个简单的道理：为了更好地保持专注，我们必须要训练保持专注的能力。冥想是一种方式，大量的研究显示，有规律的冥想练习可以极大地提升生理和心理健康。冥想练习课程的一个绝佳来源是加州大学洛杉矶分校的"心灵意识研究中心"（Mindful Awareness Research Center）。获取更多资料，请访问www.DrEricaR.com。

如果你对正规的冥想练习没有兴趣，你可以在一天当中时不时地停下来，留意当下和当前的事物：你的呼吸、太阳照在你皮肤上的感受、坐在椅子里的感受、手握本书的感觉，等等，这种做法同样可以实现专注的效果。如果你发现自己经常忘了这么做，因为毕竟还没养成习惯，可以试试设定闹钟，每一个或两个小时提醒你一下。

法则18

优质父母

培养自我意识

自我意识是优质教育的基石。如果我们没有意识到自己的思想和感受、情绪诱因、假设和预期等，那么，就很难承认我们的错误（参见法则12），很难做出有效回应和及时反应（参见法则11），或者，很难接受我们的感受（参见法则16）。

建立起自我意识的人，有能力反思他们自己的感知、假设、预期和信念。他们努力理解自己的思想和感受如何影响自己的行为和选择。他们更容易有同理心，能够在心智中同时持有不同的视角，没有哪种视角一定比另一种视角更“正确”。

用不同视角看待问题的能力可以极大地帮助父母，因为父母每天都要与另一种人打交道，而这种人正是用一种不同的（有时是非常不同的）方式看待这个世界的（参见法则8）。

教你这样做：

自我意识可以通过很多不同的方式加以培养。有技巧的临床医生采用心理疗法是一种方式，其他方式还包括：心理日志、冥想、向信赖的朋友和家人寻求反馈等。

每天花一些时间关注你的思想和感受，注意两者之间是如何关联的，是如何共同影响你的行为的。比如，当你招呼你的孩子，而孩子没有理你，这时你要注意自己的心理和身体会发生什么变化。

如果你的想法是，“他在无视我”，那么，你很可能会感到沮丧，然后，很可能会发火或者被惹恼。相反，如果你的想法是，“他太专注于他手上的事情了，没听到我说的话”（参见法则29），那么，你很可能会更有耐心，更可能走向孩子，获得孩子的注意。

即便你的想法是，“他在无视我，然后，看看我会如何反应”（参见法则34），你观念中的这种细小的变化，也足以帮助你用一种更淡定、更有同情心的方式去解决问题。

法则19

优质父母
运用积极的身体接触

持续的研究显示，积极的身体接触（比如，拥抱、亲吻、依偎）对于孩子的成长和持续健康来说绝对重要。实际上，它是如此重要，以至于如果没有得到足够的拥抱，婴儿通常在生理和认知发展上会出现迟缓的现象，甚至会因此而死亡。即便正常喂养婴儿，并且婴儿的其他生理需求都得到了满足（见注释5），这些情况仍有可能发生。生命需要抚摸。

对任何年龄段的人来说，积极的身体接触都能促进健康、放松，并让人产生亲密感——催产素（“爱的荷尔蒙”）水平会提高，心率会下降，压力荷尔蒙会降低，免疫系统功能会提升。父母需要怎么做呢？经常拥抱你的孩子。

甚至在你管教孩子的时候，也要以拥抱或其他积极的身体接触方式作为互动的结束，特别是对于年纪更小的孩子来说，这一点尤为重要。这种爱的姿势强调，尽管你在管束孩子糟糕的行为，但你仍然在与孩子维持一种情感联系（参见法则9和法则25）。积极的身体接触还能增强表扬的效果（参见法则42和法则73）。

与此相反，千万不要打孩子，或者，从身体上侵犯孩子。打孩子或者其他形式的身体管教可能在短期内有效，但从长期来看，这只会教会孩子用攻击和暴力来解决冲突，或者得到他们想要的（见注释6）。这种做法还会损害孩子的心智健康，比如，患上抑郁和焦虑症，降低认知能力。与打孩子这种身体管教的方式不同，试试本书所推荐的做法，比如，法则6、法则46和法则47。

注意到这一点很重要：在打了孩子或者对孩子施暴之后，给孩子一个拥抱，并不能真正消解父母行为的攻击性（见注释7）。在对身体施暴之后给予孩子温暖和关爱，以补偿之前的冒犯，并不能起到很好的效果。相反，父母必须始终努力与孩子保持温和而关爱的关系，哪怕是在父母不认同孩子的行为或正在管教他们的行为的时候（参见法则39）。

本书中，大多数的练习意在帮助你与孩子保持一种健康的情感关系，即便你不认同孩子的行为，或者正在管教他们。

教你这样做:

每天抽出一点时间，给你的孩子（或者其他你所爱的人）一个长长的拥抱或搂抱。如果你的孩子不再需要拥抱，可以试着爱抚地摸一摸肩膀，或者爱抚地轻拍后背。跟你用语言表达爱一样，每天你也要用身体接触来表达你的爱。这么做，你和孩子都会得到满足。

法则20

优质父母
帮助孩子养成良好的习惯

从出生到5岁，是孩子成长特别关键的阶段：神经连接和神经路径以惊人的速度生长，大脑的结构长到成年人的90%。这些神经路径就像森林中的道路——一旦被开辟出来，形态就被固化了，就会经常被人使用。

作为一名心理学家，我把神经路径比作习惯和观念——那些我们不需要费力就可以从事、思考和感受到的事情。它们可以是思考的习惯（比如，悲观或乐观），感受的习惯（比如，感恩或焦虑），行为的习惯（比如，说“请”和“谢谢”，或者，吃完饭后主动洗碗）。

如果父母能让孩子养成良好的习惯，这会让父母和孩子获得巨大的好处。

我们可以帮助孩子学习并操练良好的习惯，从简单的习惯——比如，每晚刷牙，或使用礼貌用语——到重要的习惯，比如，看书；或到户外玩耍，而不是沉溺于电子屏幕；能够管控自己强烈的情绪（参见法则32）；自我修复能力强（参见法则42）；或者很有耐心，乐于助人，乐观向上。

习惯的养成来自行为的不断重复。我们所做的、所说的、所想的，或日常所感受到的任何事情，从某种程度上，都可以被视为一种习惯。因此，如果我们想要养成或改变一种习惯，就必须反复操练新的行为、思想或感受，直到它们成为习惯。

对于孩子以及我们与孩子的关系来说，早期阶段的教育非常关键。通过练习本书提供的原则，我们会让自己和孩子拥有一个良好的开端，让孩子在早期阶段所养成的习惯和观念能在以后的生活中持续帮助到他们（见注释8）。就像弗雷德里克·道格拉斯（见注释9）曾经说过的那样：“培养一个健康的孩子，比修补一个受伤的人，要容易得多。”

教你这样做：

想想你与孩子的日常互动。问问你自己：

- **孩子从不断重复进行的互动中学到了什么？**

- **你注意到你的孩子在日常经历中已经养成了哪些习惯了吗——思考、感受和行为习惯？**
- **这些习惯是有用的和积极的吗？如果不是，马上采取行动改变这些习惯（从改变自己开始，参见法则3）。**

这里有一个简单的例子：如果你的孩子经常打扰你，你就要先从留意这种情况是何时发生的开始。然后，当你发现孩子的做法不对时，切勿停下你手中的事情去理会他（除非紧急情况）。光有这一点还不够。进而，你还需要实事求是，根据当时的情况，重复地说：**“你打扰到我了。请等一等，我正在与罗伯特夫人谈话**（或者，无论你正在做什么）。”当你做完这一切，再把注意力放到孩子身上。

对于幼儿来说，要求他耐心等待是一件非常困难的事。你应该换一种说法：“宝贝，你打扰到我了。当我正在与别人说话时，如果你需要我的关注，请说一句‘打扰了’。”然后，在孩子没有开口说这句话之前，不要把注意力转向他（参见法则22）。

你的行为的改变会帮助你的孩子认识到，在轮到他说话之前，要有耐心等待的习惯。或者，至少要先说一声“打扰了”。

还有一个例子：如果你想要孩子从阅读中获得乐趣（一个终身受益的习惯），你可以采取行动来让他养成这种习惯，包括：经常读书给他听；把带他去图书馆变成一件很有趣的事；限制他看电视和电脑的时间；只准与家人一起看电视；自己独自看书；谈论书中内容；等等。

习惯看上去似乎无关紧要，但它们会对我们的生活产生巨大影响。与分数、奖杯或其他外部成就不同，父母应该关注孩子的习惯和潜在的价值观。有一段我非常喜欢的话，大意是：“注意你的行为，它们会变成习惯；注意你的习惯，它们会变成品格；注意你的品格，因为它们会成为你的命运。”

法则21

优质父母

区分目标和方法

当我们正忙着一边做饭，一边把饭菜端上桌时，我们3岁的孩子在一旁吵着要喝一杯牛奶。这时，我们应该提醒自己，孩子的行为（吵闹）有一个值得重视的目标：他想吸引我们的关注，然后喝上一杯牛奶。

如果你回想一下自己的教育经验，你会发现，在多数情况下，孩子所追求的目标是有价值的——只不过他们追求目标的方法是有问题的（在本例中，方法就是吵闹）。

当你想要改变孩子的行为时，应该在目标和方法之间做出区分。明确孩子的目标，告诉他们，如何通过其他的、更可接受的方法来实现他们的目标。当然，这些方法必须是在他们能力范围之内的。

注意，同样重要的一点是，必须告诉孩子，不良的方法是不起作用的。如果孩子通过选择自己的方式（吵闹），实现了自己的目标（在前面的例子中，喝到了牛奶，或者获得了父母注意），那么，他们今后很可能会重复这种方法，因为它起作用了（参见法则23）。记住，目标既可以是有形的，比如，牛奶；也可以是无形的，比如，获得注意。

无论你想减少的孩子的不良行为是吵闹、抢夺，还是其他行为，区分目标和方法都会帮助你承认和理解孩子想要追求的事物，只不过，你仍需要教导孩子，如何以正确的方法实现他们的目标。

教你这样做：

这里提供一个如何解决前述问题的范例，它采用了区分目标和方法的原则："**宝贝，我明白，你很想喝牛奶**（承认孩子的目标/同理心，参见法则6）。**但是，当你又吵又闹时，我的耳朵很受不了，又让我分了心，没法好好做饭了**（理由，参见法则46）。

"**如果你想喝牛奶，请说一句：'妈妈，请问，我可以喝牛奶吗？'**（良好的方法）"只要孩子尽可能地在使用良好的方法，就给孩子喝牛奶（或者帮她实现目标）。

这一原则对大龄孩子同样适用。与2岁的孩子打扰你做饭不同，想象你十几岁的孩子（16岁以上）想要借你的车开（目标）。你没有理会她，因为你正在忙着做饭，她开始在厨房里围着你转，说："快点啊，妈妈。求你，求求你了！"她就一直这么乞求你（方法）。

在这种情况下，你应该说："**宝贝，我知道你真的很想借我的车来开，而且很想马上知道是否能借到**（承认孩子的目标）。**与此同时，我说了，要你等一等，我把饭做完了就借你，而你却一直围着我闹，这让我感到心烦**（理由；自我的感受）。**如果你继续这么闹，我绝不会把车借给你**（严正的警告）。**如果你想要谈论借车的事，等我把饭做好之后，我们再谈**（良好的方法）。"

关于如何使用目标和方法这一原则与孩子沟通，更多诀窍请阅读法则22。

法则22

优质父母
会给孩子指明方向

当我们管教孩子时，一个主要的目标是要让他们知道（参见法则28），不良行为（比如，打人、在家具上乱涂乱画）是不可接受的。

有效管教的一个组成部分，就是要直截了当、有理有据地告诉孩子，不良行为会有什么后果（参见法则51），要对孩子的不良行为给予严正警告（参见法则47）。然而，强调后果只是暂时压制了不良行为——它传递了这样一种信息：不良行为是不对的。但是，这只是孩子需要听到的故事的其中一半。

故事的另一半是要告诉孩子，哪种行为是可以接受的。这就是我所谓的给孩子指明方向（也叫作“给出替代选项”），这种做法与区分目标和方法是密切相关的（参见法则21）。

给孩子替代选项，是被很多父母忽视了的关键步骤。当你听见自己说“不要这么做”或者“请不要______”，然后又不告诉孩子应该怎么做，你就知道，你已经犯下了这个错误。

如果父母不告诉孩子他们希望孩子应该怎么做，那么，孩子就会用自己的想法填补行为的空缺，通常，这些想法不会带来好的结果。因此，今后一旦你发现自己正告诉孩子他们的行为是不对的，请务必辅以讨论（适合大龄孩子），或者直接给予指导（适合幼儿），怎么做会更好（以及为什么）。

然后，让孩子“重放”正确的行为（参见法则72），或者让孩子反复演练正确行为（参见法则73）。也可以再现他们犯错的情景，让他们在此情景中用新的、得到改进的行为来加以应对。当他们这么做的时候，要对他们给予积极的回应（参见法则23、24、42和68）。

比如：

“我知道，今晚你真的很想读两本书，而不是一本。为此，你感到心烦和沮丧（同理心，参见法则6）。**与此同时，你把你的书扔到地上，这么做是不对的，因为书是很特别的东西，我们应该保护好它们**（理由，参见法则46）。**相反，你可以说：‘爸爸，我很失望，我们今晚没能读两本书。你能保证我们明晚有时间读两本书吗？’**（给出替代方案）”

有两条重要的规则，需要父母牢记。你所提供的替代方案应该：

1. 既是一种更可接受的行为。
2. 又是你孩子有能力成功做到的事情。这种情况与你孩子的能力和性情有关。比如，一个精力旺盛的2岁小孩不太可能做到为了喝一杯牛奶而耐心等待5分钟，但她却可以做到很有礼貌地说出“请”字。

此外，相比强调后果，给出替代方案是一个更好的出发点，因为后者为孩子提供了机会，让他们可以改变自己的行为方式。同时，也给了父母一个机会，把重心放在改变孩子的行为上，而不是放在提示后果上。

教你这样做：

今后当你想让孩子改变行为时，首先问问你自己，孩子可能会怎么做，然后提出一种（或与孩子共同讨论）更可接受的行为方式，以实现目标。可以反复演练或设置练习场景。

比如，你的幼儿可能正在桌子上玩她的塑料杯，她把水倒了出来，然后摇晃杯子，反复这么做。父母要意识到，她正在参与一项活动，而她发现这项活动非常有趣（参见法则

34)，但她参与活动的时机不对。

你可能会说："**请不要在桌上玩你的塑料杯**（命令），**因为这会造成混乱/打扰我们吃饭/等等**（理由）。**如果你想玩你的塑料杯，你可以晚上在浴缸里玩，或者在外面的院子里玩**（替代方案）。"

如果她不为所动，那就要实事求是地坚决（参见法则54）拿走她的塑料杯，但只是暂时拿走，不超过一分钟。然后，把杯子还给她，看她会怎么做。我称这种方式为"反复演练"：根据需要，重复训练。

关于如何与孩子谈论可供选择的行为，更多窍门请参阅法则21。

法则23

优质父母
不会放过孩子的错误行为

当孩子的行为方式是错误的，而父母的回应或行为的结果符合孩子的预期，孩子就可能重复这种行为方式（参见法则21）。因此，如果孩子拒绝帮助整理散落在客厅的玩具，而最终父亲没有坚持让孩子参与帮忙，亲自替孩子收拾了玩具（即便只是有时如此；参见法则53），那么，今后孩子很可能总是会拒绝帮忙。之前的拒绝是有效的，不是吗?

类似的，有很多青少年的父母向我咨询，如何让他们的孩子更有礼貌地跟他们说话。（首要的问题是：你为孩子树立了哪些行为榜样？你对他们说话的语气是否带着尊重？参见法则40。）

当父母开始更加关注（参见法则17）与孩子之间的互动

时，他们通常会发现，在与孩子的整个对话中，孩子说话的嗓门很大，或者语气很不礼貌。在这些对话过程中，父母会说上几次，“你这么对我说话可不太礼貌”，然而，对话继续进行。父母嘴上说这么做不对，但他们的举动却没有表达出这层意思。

更经常出现的情况是，父母会与孩子争吵，最终造成你吵我闹的恶性循环。（冲孩子发火，命令他们停止吼叫，这不会产生任何效果。）

然而，当孩子朝父母喊叫（或吵闹），父母努力保持了镇定，但仍继续与孩子对话，这种做法在无意间教会了孩子，喊叫或吵闹是一种可以接受的对话方式。（面对这种情况，父母应该怎么做呢？避免这种情况的一个关键步骤是，立即停止对话；参见法则71。）

教你这样做：

有些对话经常会引发与孩子的冲突或失和，父母应该注意这些对话。用目标和方法原则（参见法则21）来思考孩子的行为，观察你自己对孩子错误行为的反应。你的行为是否在无意中强化了孩子的行为？

你的回应是否让孩子直接（比如，你亲自帮孩子收拾玩具）或间接（比如，孩子跟你说话时大喊大叫，但你仍继续与她对话）地实现了她的目标？如果是，你需要改变你的回应方式，从而才能改变孩子的行为（参见法则3）。

改变自身行为可以从提前设定（甚至是反复练习；参见法则73）你的新的回应方式做起。还有其他一些有效的工具，比如，立即停止对话。当时机合适时，重新与孩子对话（参见法则72）。

法则 24

优质父母
能欣赏孩子的长处

父母花了很多时间和精力向孩子指出，他/她的哪些行为需要改进。但很重要的一点是，父母既要表达这类信息，又要承认孩子做得好的方面。就像大人一样，孩子也需要得到认同。

孩子的成长靠着热情、专注和及时反馈。尤其是当你正在纠正孩子的错误行为时，要主动观察孩子所做出的每一点努力，并及时承认他们的努力。哪怕是小小的进步，也值得父母认可（参见法则45）。

除了注意孩子的良好行为，父母还可以为孩子做出良好行为创造条件。首先，要确保孩子得到了充分的休息和进食（参见法则27和法则58），然后，要重塑行为所发生的环境，减少孩子犯错的机会，鼓励孩子做出良好的行为（参见法则52）。比如，如果你的孩子总是不愿意与来访的孩子分享玩具，那就在她的同伴到来之前，争取让她不要玩任何玩具，这样，你就不必在稍后介入到孩子对玩具的争夺之中了。当你看到孩子做出一种好的行为，要通过及时的表扬来强化这种行为（参见下文具体的指导，也可以参见法则73）。

当我们表扬孩子时，很重要的一点是，表扬的内容一定要具体（参见法则42）。因此，不要只是说“做得好！”，认真想一想你究竟要表扬孩子什么，具体一点。

此外，寻找一些非语言的表扬方式，包括拥抱、友好地拍掌或者其他主动的肢体接触（参见法则19）。比如：**“迪兰，我注意到，妹妹没有征求你的意见就拿走了你的玩具，你很不开心。但是，你冷静了下来，选择去跟妹妹对话，而不是去打妹妹或把玩具抢回来。在这种情况下，你能够展现出自控力，我很为你感到骄傲。”**（以拥抱作为结束）

留意孩子做得好的地方，可以强化好的行为，增加孩子重复好行为的概率。留意孩子的好行为还可以建立一种思维模式，让我们更多地期待孩子的正面行为（参见法则68）。

教你这样做：

孩子每天都会有好的行为，父母要随时留意认可（因此也能强化）这些行为的机会。表扬孩子的时候：（1）要具体；（2）要及时；（3）要真诚；（4）还可以用非语言的方式（比如，拥抱和主动的肢体接触）。

法则25

优质父母

用爱管教孩子

用爱的方式管教孩子，是一条重要的教育原则，它贯穿于本书中很多不同的练习和原则。用爱管教孩子意味着：

- 管教的目的是要教导（参见法则28），而不是惩罚或羞辱。当你管教孩子时，专注于孩子有问题的行为，你使用的语言只能反映出你不认可孩子的行为，而不是不认可他这个人（参见法则9和法则10）。避免威胁，冷战，或生气（见注释10）。
- 管教孩子时，父母要尽量做到实事求是和冷静（参见法则54）。
- 管教孩子要在私下进行（参见法则26）。

- 即便要对孩子给予处罚，也不要过于严厉或暴力（参见法则51）。
- 父母要关注自己的非语言行为，尤其是身体语言和肢体互动（参见法则30和31）。比如，如果你试图在深夜把孩子拉回床上睡觉，而她反抗你，要避免用拉拽她胳膊的方式来表达你的愤怒（参见法则38）。
- 父母要一直与孩子保持情感联系（参见法则39）。管教绝不是不爱孩子，也绝不是掌控孩子的情感。

教你这样做：

在孩子做错事之后，不要对他说，“你有病吧？”（或者类似这种不聚焦于孩子的行为而是孩子本身的话），试着这样说：“我不喜欢你的做法”，或者，“某某行为是不对的”。对于行为的完整讨论还包括：同理心（参见法则6）；某个行为不正确的理由（参见法则46）；提出其他可以接受的行为方式（参见法则21和法则22）；在某些情况下，还要对孩子提出严正警告（参见法则47）。

这些做法初听起来有些奇怪，但它们清晰地强调了这样一种观点：要把看待你的孩子与看待你的孩子的行为区分开来（参见法则9）。

法则 26

优质父母

在私下管教孩子

想象你的孩子做了一件完全不可接受的事情，比如，打了另一个孩子。你赶紧着手处理这个事情，并开始管教她。等一等，不要急。

快速反应是对的，因为如果反馈及时，孩子吸取教训的效果就是最好的。但是，如果你紧接着当众数落孩子的行为，或者，如果孩子认为你数落她的场景有可能被其他人看见，数落她的话有可能被其他人听见，那么，你的孩子就不会真正把你教训她的话听进去（也不会吸取你希望她吸取的教训）。

对很多孩子而言，尤其是大龄儿童，特别在意他们的同伴对他们的评价，特别在意自身的社会形象。在公共场合管教孩子，会让孩子觉得尴尬或受到羞辱。这些强烈的情绪可以压过他们的专注力，从而忽视你要教导他们的内容。

管教的目的是为了让孩子学会在今后做得更好（参见法则28），当孩子的注意力集中时，学习的效果是最好的，私下管教的效果也是最好的。

教你这样做：

今后，当你不得不管教孩子时，尽量确保你们的对话不要被外人看到或听到。这取决于你们当时在什么地方，也许，你们需要走出房间，走进车里。或者，走到户外，或者，走进室内。你要想办法找到一个与孩子对话的私人场所，这种做法给了孩子从经验中吸取教训的最好机会。

法则27

优质父母

避免在疲乏时管教孩子

你也许很想知道，“你指的是哪一方处于疲乏状态？”我指的是双方。如果你很疲乏，你很有可能失去耐心，做出过激反应，而不是有技巧地应对孩子的问题（参见法则11）。

类似的，当孩子处于疲乏状态时，他们无法专注于你正在教导他们的内容。既然管教的目的是为了学习和成长（参见法则28），那就要确保孩子的身体和心理状态（比如，吃好，睡好）足以让他们从错误中学习，能在今后做出更好的行为抉择。

无论是否疲乏，如果有些情况是必须要处理的（比如，孩子故意破坏公共规则），那就会使用到一种我称为“占位符”（placeholder）（参见法则66）的方法：首先要持续关注这一情况，然后，在孩子吃好睡好之后，在每个人都冷静下来之后，再来处理孩子惹出的麻烦。

教你这样做：

“我注意到，你[破坏了某个规矩]。我们现在又累又饿，因此，先把肚子填饱，休息一会儿，然后，我们再来讨论你的问题。”

法则28

优质父母

把管教看成学习而不是惩罚的机会

管教最终与学习有关。英语单词“学科”(discipline)，源自拉丁词语“disciplina”，意思是指示或知识。英语单词“门徒”（disciple）（“追随者，或者，老师的学生”）同样源自拉丁词根。

既然管教（见注释11）的目的是学习，管教就与惩罚不同，后者意味着“对某种冒犯行为施以报复性的强制处罚”。请记住，管教与惩罚有着天壤之别。

我们也许无意惩罚我们的孩子，但一定要高度关注自己的心理状态和行为动机，确保我们的行为意图是教育孩子，而不是惩罚孩子。

比如，当我们管教孩子时，如果感到愤怒或紧张，很有可能就是在惩罚孩子，我们可能会对孩子施以与其错误程度不相称的惩罚，或者，即便守住了底线，没有打孩子，但也可能会用攻击性的肢体行为来对待孩子（比如，当我们想让孩子回房间时，可能会用力拉拽孩子的胳膊）。

当我们用攻击性的态度对待孩子，或者对孩子的惩罚过于严厉，孩子的注意力就会放在我们不恰当的惩罚行为上，或者会认为我们对待他们的方式很不公平，这会让孩子分心，无法真正吸取教训，也学不进我们想教导他们的东西。

相反，如果我们把管教的目的看成学习的机会，这种观念既会改变我们的应对方法，又会改变我们的心智模式。牢记这一目的，更可能做到公平公正地处罚孩子（参见法则51），在爱中管教孩子（参见法则34），从管教的一开始就充满同理心（参见法则6），并且专注于孩子的行为（参见法则9）。

把管教的目的看成学习的机会，还很可能让我们与孩子之间的良好关系得以维系，尽管有时候我们还是会对孩子施以处罚。

教你这样做：

让你自己具有这样一种观念：把管教作为一种教育手段，其目的是为了给你的孩子提供学习成长的机会；比如，学习什么是界线和边界，学习尊重他人，学习公正待人，等等。

要注意你的情绪状态（参见法则15、16和17）。当你在管教过程中感到愤怒或紧张时（参见法则54），就要抵制管教的冲动。在这种情况下，你可以使用“占位符”（参见法则66）方法，当每个人都冷静下来后，再处理原来那个问题。

为了避免在愤怒或冲动之下对孩子施以不恰当的处罚，你可以提前设想一些处罚方式，这些方式可以在不同的情况下恰当地应用在孩子身上。关于设计处罚措施，可以参见法则51中的指引。

法则29

优质父母

明白孩子的大脑与成人不同

有两件事让父母感到头痛，尤其是幼儿的父母：一件是孩子完成一件事情要花多长时间？另一件是父母的重复和提醒要做到什么程度才好？

在成为父母之前，早上出门是一件如沐春风的利索之事。成为父母之后，出门的准备时间至少是之前的两倍。你告诉你的宝贝把她的鞋子穿上，十分钟后，你发现，她还在玩积木，早就把穿鞋这件事忘了。正在读小学一年级的孩子从学校回到家，你叫他把自己的外衣挂好，但你发现，基本上大衣总是会被他随便扔在地上。有了孩子之后，总是感觉时间不够用，老是在进行重复劳动。

当然，出现这些情况肯定是有正当原因的：孩子的大脑与成人的大脑不同。成人通常可以承担某个任务，能够集中注意力完成任务，而孩子则时常处于分心的状态（我们经常会注意到这一点）。这种分心让父母感到很头痛：父母经常觉得自己一直在提醒孩子要集中注意力，总是在重复自己的话。

当你发现你的孩子“分心”了，记住：孩子的大脑总是处于探索和学习过程中。他们的前额皮质（执行行为的大脑位置，包括计划和专注的能力）还没有发育完全，这使他们的大脑具有好奇和灵活的特性，研究人员相信，这些大脑特性对人类的进化是非常重要的。正如心理学家阿利森·葛普尼克（Alison Gopnick）所指出的，幼儿和小孩就像人类的研发部门一样。没有孩子及其独特的大脑，人类累进式学习的能力就会受到严重抑制（见注释12）。

同时，个人的学习很大程度上也依赖于重复练习。我们先是尝试做某事，至于事情做得好还是不好，会从他人或周围环境那里获得反馈，然后，一次又一次地改进。为了学到知识，孩子需要大量机会去一次又一次地尝试（参见法则72和73）。

当孩子把注意力放在其他地方时，他们不会像成人那样，还有能力关注周围的环境。这种能力通常被称为边缘意识，也是为人所熟知的所谓“听到，但没听进去”（见注释13）。父母经常会有这种经历，当问孩子一个问题时——

比如，谁正好站在他右边？——孩子可能完全没有反应。

在这种情况下，父母可能会认为，自己没有受到孩子的尊重（因此，感到愤怒或沮丧），但实际上，孩子很可能正在经历“非注意性盲视”（“inattentional blindness”）——对于他正在关注的事物之外的事物，他缺乏意识。

因此，当孩子分心，或者，似乎无视你的存在时，父母要学会无罪推定，按以下步骤来做。

教你这样做：

改变你的认知角度，把孩子的“分心”看成他们成长和发展的重要阶段。提醒你自己，尤其是对幼儿来说，他们真的无法做到专注：他们的大脑还没有发育完全，做不到专注和专心。

葛普尼克曾经打过一个比方，大意是：成人的大脑就像手电筒，能够有意识地聚焦在自己选择的某个领域，而忽视其他领域。但孩子的大脑就像一个灯笼，照亮了每一个孩子感兴趣和想要关注的事物。

当我们不再把孩子的分心看成冒犯或麻烦，而是看成他们惊人的探索和学习能力的一种表现，这种认知视角的转变就能让我们对孩子更有耐心，也能把反复提醒孩子作为一种必要的教育行为。

类似的，有时候，我们认为孩子不听话，因为我们叫他去做某件事，而他却继续自顾自地坐在地上玩（或者继续做其他事情）。实际上，这个时候，即便孩子似乎有一点点听话的反应，父母也不要轻易假定孩子完全把你的话听进去了。

相反，为了确保孩子真的听到并理解了父母的话：

1. 走到孩子身边。
2. 柔和地施以肢体接触（比如，用手轻拍孩子的胳膊）。
3. 在跟孩子说话之前，眼睛要盯着他。当然，也可以蹲下身来与孩子的眼睛平视。（无论如何，这种做法排除了父母在楼上或楼下冲孩子大吼，而大吼大叫不是一种有效的沟通策略。）

如果这些方法都不管用，可以认为，你的孩子可能在做一个“实验”，想要测试一下，如果他无视你，会发生些什么（参见法则34）。

法则30

优质父母
注意自己的言语和说话方式

沟通既有语言方式，也有非语言方式。语言沟通就是我们所说的话，而非语言沟通基本上是除语言沟通之外的所有其他沟通方式：我们的手势、身体姿态、语气、眼神、面部表情，等等。

话语是很有力量的（参见法则10），但研究也充分显示，非语言沟通在帮助听者形成理解方面扮演了重要角色。而且，非语言表达的效果有可能会胜过语言表达，甚至还可能改变语言表达的含义。

简而言之，我们既要注意说话的内容，也要注意说话的方式。

我们都体会过非语言沟通的力量。有些话听起来是表扬，却暗带讽刺，实际上就是在批评人。有些话听起来像是关爱，但身体语言却表达出漠不关心的姿态，这种话的含义就是模糊不清的。

注意说话的内容和方式，意味着不仅要注意我们所表达的话语，还要注意表达的语气和仪态（参见法则17）。当无法同时做到这两者时，我把这种沟通称为“信息失调”。

失调意味着，事情是前后不一致的，或者不和谐的。因此，如果孩子问我们是否喜欢他的钢琴演奏，我们的回答是：“是的，宝贝，我非常喜欢。”但语气并没有表达出这个意思（比如，语气缺乏热情），而这种非语言信息甚至能够以意想不到的方式改变我们所说的话的含义。

类似的，如果孩子问我们，大家还好吧，我们的回答是，“当然，我们都很好，宝贝”，但语气却是敷衍的、激动的，或是哽咽的，那么，我们所说的就与我们的非语言信息不相符。长此以往，这种不一致性会使孩子不相信自己的感觉，甚至不相信我们的话（“我感觉有点不对劲，但妈妈总是说一切都很好”）。（参见法则16）

不一致并不必然是坏事。比如，幽默通常就是基于语言和语气之间的不一致。这里所要强调的是，既要注意说话的内容，也要注意说话的方式，确保两者共同表达了你想要表达的意思。

教你这样做：

密切注意你说话的内容和方式，向值得信任的朋友或家人寻求反馈。你说话的内容与说话的方式是否匹配？你的身体语言和说话语气是否符合你想要传递的信息？

法则31

优质父母明白言传不如身教

很多父母，包括我在内，多么希望可以对孩子说这样的话啊:“我说什么，你就做什么；而不是，我做什么，你就跟着做什么。”然而，我们给孩子树立的行为榜样对孩子的所作所为具有巨大影响。

几年前，我有一个病人，也参加了我的教育研讨会，她私下里向我咨询，每次她儿子所在的足球队输了球，儿子的反应都非常激烈，她为此感到担心。“无论什么时候，只要他的球队输球了，他就会非常生气。老实说，他的这种做法让他看上去像是个输不起的人。我和他父亲总是对他说，赢不赢球并不是最重要的事情。当他的球队输球时，我和他父亲绝不会为此感到生气。因此，我不能理解他为什么会有这种反应。”

但当我们调查她的家庭对待竞技体育及其胜负的态度时，她说，她的丈夫也看球，是纽约扬基棒球队的铁杆粉丝。我问她，如果扬基队输球了，她的丈夫有什么反应。她回答说：“如果扬基队输了球，我的丈夫就会抓狂。有时，他甚至会朝着电视大吼大叫。哦……”

她和丈夫告诉儿子，输赢并不重要，尽管他们是把这话当真的，然而，她丈夫的行为却没有做到言行一致。当我们的行为与所说的话意思相反时，孩子会感到无所适从。

还有一个类似的例子。父母告诉孩子，分数并非最重要的，但孩子放学回家后，父母的第一个问题就是，“考试考得如何？”或者，“你交家庭作业了吗？”

类似的，我们告诉孩子，发火是不对的，但我们很快就对孩子发火了——或者，当孩子朝我们发火时，我们还继续与他对话（参见法则23和法则71）——那我们的行为就违背了我们的话语，因此，孩子从我们这里得到的是混乱的信息。同样，我们在有些场合告诉孩子，打人（打他们的兄弟姐妹、朋友，等等）是不对的，但回过头来，我们自己却打了孩子。

孩子是从日常见闻和经历中学习的，因此，我们一定要注意自己的行为所传递的信息（参见法则30）。

教你这样做:

列一个清单，上面有5—10个你想教会孩子的重要的价值观——比如: 关爱、同情、正直、诚实和责任感。对于每一个价值观，既要言传，更重要的是要身教，通过你在日常生活中的行为，给孩子树立榜样。

对父母来说，接下来的部分更难做到: 观察你自己的行为，看有没有与你的话语不一致的地方。比如:

- 你是否告诉过孩子，输赢不重要，但当你喜欢的球队错失得分良机时，你却对着电视大吼大叫?
- 你是否告诉过孩子，分享很有乐趣，但当你遇到坐在路边的流浪汉时，却匆匆走过，毫无表示?
- 你是否向孩子强调过阅读的重要性，但在工作之余，你把大多数时间都花在了看电视或电影上?

如果你注意到孩子身上的不良行为，先认真反省一下自己的行为，看两者之间是否有关联（参见法则3）。

法则32

优质父母
注重培养孩子的情商

很多父母喜欢教孩子运动，教他们做家庭作业，但如果你真的想对孩子的福祉和未来的成功产生重大影响，一定要通过情感教导帮助他们发展情商。

情商是一系列的技能，能让个人认识和理解自己的感受，并有效表达和管控情绪。对人而言，应对能力比应激能力更重要，而情商和自我意识（参见法则18）都是这一重要能力的基石（参见法则11）。

学会认知和管控自己情绪的孩子承受压力的能力更强，社交能力更突出，很少做出不良行为，患焦虑症和抑郁症的可能性也更低，另外，还有其他一系列的优势（见注释14）。

情感指导也许是你与孩子之间最重要的教育行为（见注

释15)。这里教你如何做:

1.确认 在孩子想好如何应对自己的情绪之前，他一定得知道自己的感受是什么。通过操练同理心（参见法则6）和换位思考（参见法则8），父母可以帮助孩子确认和指出他们的感受。父母还可以帮助孩子不使用基本的感受词语，比如，“疯狂”“生气”，而是使用含义更细微的词语来表达更广泛的情感体验，比如，“失望”“沮丧”“尴尬”“开心”“忧愁”，等等。随着情感词语数量的增加，孩子的情商能力也会提高。

2.验证 要向你的孩子表明，你能够理解为什么他们会有这样/那样的感受。这个时候，我们再次需要运用同理心和换位思考。也就是说，验证一种感受并不意味着你一定会认同孩子依照情绪所采取的行动。你可以与孩子的愤怒(感受）共情，因为有人从他手中夺走了他的玩具，但你仍可以不认同紧随孩子愤怒情绪而来的行为（打人）。

3.指导 与孩子一起讨论，让他明白，他今后应该怎么做，才能产生更积极的结果。提前规划和反复演练（参见法则73）有助于你的孩子建立起新的应对方式，而通过不断练习，孩子今后更有可能运用新的应对方式。

4.管控 掌握管控强烈情绪的技巧属于上述第3步的内容。在理想状态下，你应该在自己的日常生活中给孩子树立情绪管控的榜样。要教会孩子使用各种管控情绪的方法，而不是在面对情绪挑战时，采用应激方式。孩子要学会如何让自己先冷静下来，然后做出深思熟虑的抉择，做出最好的回应。如果孩子始终陷于强烈情感的挣扎之中，他就很难采取新的应对方式。

这里提供一些能够管控情绪的方法：

- 深呼吸
- 摆出有力的姿势：有力的姿势是一种身体姿态，根据社会心理学家阿米·库迪（Amy Cuddy）的研究，它可以缓解压力，增强自信。一个这样的例子是：昂首站立，肩膀端起，双脚分开，双手放在臀部
- 挑战负面想法
- 走到户外
- 与值得信任的人交谈
- 锻炼身体
- 听音乐
- 想象积极的结果
- 想一想励志人物
- 冥想或祷告
- 表达感恩和友善

教你这样做:

想象你的孩子刚做了某件事或说了某句话，违反了你的规矩或价值观。比如，在运动场，有个孩子不愿意与你的儿子一起玩皮球，然后，你的儿子就把皮球从那个孩子手里抢走了。在这种情况下，该如何教导孩子管控情绪呢？我们在这里提供一些有效的方法:

1. **确认** “宝贝，我听说今天在学校发生的皮球事件了。据说，亨利拒绝跟你一起玩皮球。对此，你很生气。”(倾听)

2. **验证** “我能理解，你会如此生气和沮丧，因为他不愿意分享，他没有遵守运动场上的游戏规则。他应该让你加入进来，而不是拒绝你，这么做是不对的。如果我处在那种场合，我也会很生气的。”(倾听)

“与此同时(参见法则7)，即便亨利做得不对，你把球从他手里抢走，这种做法也是不对的，哪怕这个球该轮到你来玩了(聚焦于行为)。如果我们使用强力从别人那里把东西拿走，这就是一种很不尊重人的行为了(理由)。”

3. **指导** 直到你的孩子冷静下来，愿意听你说话时，方可采取本步骤。“那么，让我们讨论一下，今后在类似的情况下，你应该怎么做。面对类似让你感到不公平的情况，你还有其他更好的办法来应对吗？”

4. **管控** 引导你的孩子拿出其他的应对方式，如果有必要，可以给出你自己的方案。然后，谈论每一种方式的利弊。帮助孩子选择一种他认为最好的方式。接着，与孩子反复演练这种方式。其间，还要跟孩子谈论情绪管控的技巧，使用这些技巧可以帮助孩子保持冷静。

“让我们假设，我就是亨利。我将不会让你跟我一起玩球，而你要试着按照我们刚才所讨论过的方式来应对。记得使用一些能让自己冷静下来的技巧，比如，深呼吸或离开现场。”

接下来，与你的孩子反复演练这个场景，目的是要练习应对压力环境的新方式。虽然这并不一定能保证，下一次遇到类似情景，孩子会采用与此前不同的处理方式，但随着时间推移，以及不断的练习，孩子管控自己情绪的能力，以及做出更好的行为抉择的能力都会得到提高。

法则33

优质父母
培养孩子的自控力

在当今著名的“棉花糖”试验中，研究者测试了学龄前儿童的自控力和延迟满足的能力。他们把儿童们专门放在一个房间，用物品诱惑他们，看他们能经受多长时间的等待。若干年后，那些抗拒诱惑时间最长的孩子倾向于取得最好的学习成绩。事实上，对于预测孩子未来的学习成绩来说，延迟吃棉花糖的能力是比智商得分更好的一个预测指标。

进一步的研究显示，自控力还与承压能力和专注能力密切相关，也与逐渐提高的同理心、更好的情绪管控力（参见法则32）和社会竞争力有关（见注释16）。

希望孩子获得更大成就的父母通常把注意力放在补习家庭作业、上提高班、投入更多学习时间方面，但关于自控力的研究显示，比前述做法显得更“讨巧”的自控力培养更有可能帮助孩子成功，也是更有利于孩子身心健康的一种方法。

不同于专注在实现成就本身，父母可以通过帮助孩子操练和发展与自控力相关的技能而让孩子获得成功。

特别是对年龄很小的孩子来说，想象游戏（参见法则57）是操练自控力尤其重要的一部分。孩子为自己设定规则，当游戏很有趣时，孩子会有动力去遵守自己定下的规则。正如神经科学家桑德拉·阿亚默德（Sandra Aamodt）和山姆·王（Sam Wang）在他们合著的《欢迎进入孩子的大脑世界》（*Welcome to Your Child's Brain*）一书中所说的：“要想玩好‘上学游戏’，你（孩子）必须像一个老师或一个学生那样行动，同时，要抑制住像一个战斗机飞行员或一个小朋友那样行动。按照自己设定的规则行事，让孩子有了最早期的控制自身行为的体验，并通过这种自控来实现自己想要达到的目标。”

自控是一种能力，可以通过不断练习得到提高。父母要确保你的孩子有很多练习的机会。记住，自控不是为了取悦他人或避免惩罚而遵守规则，而是为了实现自己的目标，学会控制个人的情绪和冲动（在棉花糖实验中，孩子们不会因为没忍住吃了棉花糖而受罚，他们也不会因为延迟享用而受到口头表扬，但孩子们知道，他们如果愿意多等待一会儿，他们会多得到一个棉花糖）。

需要注意的是，孩子最初表现出自控力的方式是多种多样的，因此，父母要从孩子现有的自控水平开始培养。培养目标是要帮助你的孩子成功获得这一至关重要的能力，因此，父母需要观察，相比以前，孩子有了哪些进步。如果这次做得更好了，要及时表扬她，而不是把她与其他孩子进行比较。

将自己的孩子与其他做得更好的孩子进行比较，或者，由于任务难度太大而导致孩子的操练反复失败，这些都可能让孩子觉得自卑，从而抵制进一步的自控力训练。相反，父母要基于点滴的、不断取得的进步，为孩子创造出一个积极的正向循环（参见法则45）。

教你这样做：

刚开始的时候，要保证孩子有充足的时间自娱自乐。正如之前所提到的，想象游戏是早期自控力体验的重要内容，因为玩游戏的乐趣可以让孩子有动机参与其中。

除了自娱自乐，孩子还需要与父母一起做一些有趣的活动来训练自控力。这些活动涉及一些规则，比如，轮流进行。如果父母能给予孩子自我控制的空间，阿亚默德和王建议，父母可以经常与孩子玩棋牌游戏（比如，父母要避免反复提醒孩子，还没轮到她出牌）。

如果在玩棋牌游戏的过程中，孩子很难控制自己的行为，那么，就要基于他们现有的自控力水平，寻找其他类型的活动，最终让他们成功体验到什么是自控力。

随着孩子年龄的增长，对成功的自控经历的回忆会带来更强的自控力。研究人员把发展自控力比作锻炼肌肉——我们锻炼得越多，肌肉就会越发达（见注释17）。

形成自控力的另一个因素是父母对孩子的关爱和情感——关于更多的细节和窍门，参见法则19、39和法则74。

也可以参见法则11和13。

法则 34

优质父母

视孩子为小小探险家和科学家

很多看上去是“坏的”行为，实际上只不过是孩子在探索和实验。孩子天生就有好奇心，想要搞清楚世界是如何运转的，想要知道如何得到他们想要的或所需的。跟科学家一样，孩子也会“做实验”（见注释18）。

在我看来，这些“实验”涉及两个领域：自然世界和人类社会。自然世界包括成人视为物理学的世界（如果你拧开水龙头，水就会流出来）、化学的世界（当你把牛奶倒进妈妈的啤酒里，就会产生有趣的化学反应）、土木工程的世界（当你把爸爸的戒指掉进马桶，被水冲走了，戒指就再也找不回来了），等等。

试着从孩子的视角理解这个世界：如果孩子不熟悉万有

引力定律，他可能总是会有意让东西掉下去，或者有意把东西扔掉，看看这些东西是否每次都会往下落。孩子们体验世界的方式与成人不同（参见法则29）。

第二个领域——人类社会——是人们行为的发生地。孩子的社会实验主要涉及孩子生活中的重要人物：父母、兄弟姐妹、亲戚、保姆和老师。孩子需要弄清楚这些人的性情和行为方式，如何才能从他们那里得到自己想要的或所需的：爱、关怀、在运动场上多玩五分钟、冰激凌、多看会儿电视、个人隐私，等等。

关于这些重要问题的答案（你的行为方式是什么？如果我做了_____，你会有什么反应？我怎么才能从你那里得到_____？），仁者见仁，智者见智。为了得到答案，孩子们需要在我们身上做“实验”，也就是我们通常所说的“测试”。当你的孩子看上去做错了什么事，我鼓励你把她设想为一个穿着白大褂的实验人员，正在一个想象中的实验笔记本上记录她（在你身上）的实验结果：**“在公共场合发火，比我在家里发火更容易得到我想要的东西。有点意思……”**

如果我们想让孩子知道，我们是说到做到的人；我们的公信力在于怎么说就怎么做；我们公正而理性地对待每一个人，等等。那么，我们就要通过与孩子每天的互动，让他们明白这一切。

通过这种视角理解孩子的行为——把孩子的行为视为

在做实验，孩子想要搞清楚社会和世界是如何运转的——还可以帮助我们不要从狭隘的个人立场去看待孩子的行为，尤其是当他们惹到我们或无视我们时。

教你这样做：

今后当你发现自己正在处理孩子的不良行为时，试着改变你看问题的视角，把孩子的行为看成一种实验，这些实验意在搞清楚事物是如何运行的（在世界里运行的方式，或者，在你家里运行的方式），然后，你就能更好地处理孩子的行为了。

问自己这样一个关键问题："我希望孩子如何看待我这个人？"

写下两三个词语（比如，"友善""耐心""乐趣""理性""专注""可靠"），它们是你身上的优点，你希望孩子一想起你就能想到这些优点。

现在，试着从孩子的角度看待你自己。他们会怎么看你？这些品格是你想让他们认可的吗？

对于每一个你所选择的词语，写出两个或三个与你日常生活有关的**具体**行为。通过与孩子或他人的日常互动，这些行为可以向你的孩子清晰地展现你所看重的品格。这里提供一个关于"可靠"行为的例子。

可靠：

1. 当我的女儿要我跟她一起玩时，我告诉她，请稍等一分钟，我还有一分钟就把手上的事情做完了。然后，我兑现了诺言（参见法则1）。
2. 我不会告诉孩子，我们下周会去看电影（去公园玩，或做其他什么事），除非我愿意并且能够确保这件事情会发生。
3. 当我的儿子想向我展示他在滑板运动中学到的新技能时，如果我对他说："在我写完这份报告之后，我一定观看你的表演！"那么，我就会记得提醒自己，稍后一定要主动向孩子兑现自己的诺言。

最后一步，是要在你的日常生活中有意识地去做这些行为。每周选取一个具体的行为，把它投入到实践当中。如果列出的行为已经成为你日常生活中与孩子相处的习惯，那每周就另外新增一种具体的行为（参见法则20）。

法则35

优质父母
只向孩子描述后果

描述后果就是与你的孩子分享你的知识和经验，但并不坚持要求他们做出跟你相同的行为选择。

描述后果允许孩子有行为选择的自由（参见法则50）。同时，它还是一种有效的方法，可以让孩子的逆反情绪最小化（参见法则61），给孩子以自治的空间（参见法则13和法则37）。

教你这样做：

假设你的女儿坚持要把她的模型火车带到公园去玩，而你反对这么做，因为你担心模型火车会弄丢，或者会被弄坏（然后，女儿就会很不开心）。千万不要跟孩子陷入是否带上玩具的争辩之中（“不，你不能带上模型火车，它会被弄丢或者被弄坏的”），而是向你的女儿描述后果（你已经想到了很有可能会发生什么——也就是所谓的自然结果），但又明确告诉女儿，她可以自己做出决定（见注释19）。

“宝贝，我知道，你真的很想把你的模型火车带到公园去玩（同理心，参见法则6）。**但我认为，如果你把它带到公园，那里有很多孩子在玩耍打闹，你的火车恐怕会被弄丢，或者被弄坏**（描述后果）。**如果换作是我，我是不会带一个我很喜欢的玩具去公园的。不过，带不带最终由你自己决定**（权力分享）。**我们将在两分钟之后出发，所以，你要赶紧决定是否带上它。”**

如果她决定要带模型火车去公园，并且正如你所担心的，玩具弄丢了或被弄坏了（她哭着向你跑过来），你千万不要急于说：“我早就告诉过你了！”或者，马上承诺给她买个新的。相反，以同理心开始（参见法则6），然后实事求是地分析（参见法则54）已经发生的事情，一起探讨今后你的女儿如何做出不一样的行为选择。

“噢，宝贝，你的火车被摔得凹进去一大截，表面也被擦伤了。我知道，你肯定很伤心！（拥抱）**这就是把珍爱的玩具带到公园来的负面结果。今后我们再到公园来玩，你还会带上你珍爱的玩具吗？”**

之后，在其他场合，她又想带玩具或其他东西去某个地方（你认为这么做不合适），你要友善地提醒她回忆一下模型火车的经历：“我知道你很想带上[某个东西的名字]，跟你一起去露营。这事由你自己决定。不过，我记得几个月前，你把模型火车带去公园，但愿你当时没这么做，因为火车被弄坏了。现在，[某个东西的名字]很可能会有同样的遭遇，但它是你的东西，你自己决定吧。”

法则36

优质父母
对孩子做无罪推定

当孩子不守规矩，或者行为让父母失望时，优质父母会尽量用语言和非语言的沟通方式向孩子表明，他们把这些行为看作孩子成长和进步过程中的一部分，他们知道孩子的主观意图是想把事情做得更好（见注释20）。

那些经常受到父母批评、责备，或被认为有一大堆缺陷（“你有毛病吧？”“你把我惹毛了！”“你的做法真是荒谬！”“你总是____”“你从来不____”）的孩子，更容易患上抑郁和焦虑症，行为更具攻击性，社会交际能力更差（见注释21）。（参见法则10）

相反，优质父母既注意沟通的**内容**（语句），也注意沟通的**方式**（他们的非语言沟通方式；参见法则30和31）。他们避免嘲讽、怒目相向、发火和攻击性行为。当他们面临教育方面的挑战时（比如，孩子吵闹、发脾气、打人、不合作，等等），他们专注在孩子的行为上，而不是孩子本人身上。

优质父母有意识地用积极的视角来看待自己的孩子。这并非意味着，父母戴上了玫瑰色眼镜，看孩子的所有行为都是对的，而是意味着，这些父母把孩子的品行不端和错误行为视为其长期学习和成长过程中的一个必不可少的部分。他们认为孩子还处于"成长期"，应该乐观地相信，通过不断加以指导和训练，孩子有能力做得越来越好。

教你这样做：

今后当你遇到孩子犯了某些错误（比如，你的女儿考试作弊，被发现了），记住，在跟她沟通之前，一定要提醒你自己，孩子还处于成长过程中，她很想把事情做得更好。

本书中的很多练习都可以帮到你，比如：

- 将她的行为（作弊）与她这个人区分开来（参见法则9）。
- 既要理解她的目标（她很想考出好成绩），又要跟她讨论，为什么她的方法（作弊）是错误的（参见法则21）。
- 探讨不同的行为方式（参见法则22）。
- 给予恰当的处罚（参见法则51）。
- 一定要实事求是（参见法则54）。
- 保持良好的情感关系（参见法则39）。
- 教会孩子管控情绪（参见法则32）。

法则37

优质父母给予孩子做决定的权力

你在工作中有没有遇到过一个难以忍受的上司：他告诉你该做什么，怎么做，何时做，不仅如此，你的薪酬也由他决定，你根本没有讨价还价的余地？

要是你碰到过，那么，你就应该明白，如果父母只给孩子很少甚至完全没有自治空间，孩子会有什么感受。控制欲强的父母只给孩子很少的自主决定的权力，他们的主观意图通常都很好，想要保护孩子不犯错误，或者不受挫折。然而，这种方式的背后暗藏着危险（参见法则13，关于过度干预）。

在很多家庭，父母控制了所有的资源（尽管随着孩子长大，控制力会减弱）。因此，孩子的主要权力来源就是他们与父母的情感关系：父母爱他们，也想得到孩子的爱。

如果孩子发现，他的家庭没有理性、公正、周到地对待他，他可能就会诉诸情绪手段来得到他想要的东西，比如，他会说："你根本不理解我！"以及"我恨你！"，或者，他们会假装遵照父母的愿望行事，但暗地里却按照自己的方式来行动。

优质父母会根据孩子的年龄和发展阶段，以恰当的方式与孩子分享权力。如果孩子表现出更强的行为能力和责任感，他们就能获得更多的权力和自治空间。随着时间的推移，给孩子更多自治空间的父母，与孩子之间的关系会更好，孩子看待父母的方式也会更积极（见注释22）。被给予了更多自治空间的孩子还会发展出更强的自控力（见注释23），这种自控力可以带来一系列其他好处（参见法则33）。

因此，在与孩子互动中，父母应该向孩子表明，如果你想要获得更大的独立自主权，你的行为方式必须证明，你配得上拥有这种权力。

教你这么做：

如果你发现，你命令孩子做的事情是孩子自己就可以决定的事情，那你就要退出来，让他们自己做决定。他们会通过尝试、犯错、再尝试得到学习成长的锻炼（参见法则50）。

比如，如果外面正在下雨，你的女儿坚持要穿凉鞋而不是雨靴，这时，你就可以让她自己做决定（见注释24），而不是为了区区穿不穿凉鞋这种事（或者其他小事）而陷入与孩子的权力斗争中。当然，你需要实事求是地向女儿描绘她的选择所要面临的后果（参见法则35）——你符合逻辑地做出推断，如果她这么做了，后果会是什么（患感冒和把脚弄湿），然后，又清楚地向她表明，她可以自己做决定。这种劝说方式具有魔术般的神奇效果。

这里提供一个有效的实践案例：**“宝贝，我知道，虽然外面在下雨，但你今天还是很想穿凉鞋**（同理心）。**我认为，如果你这么做，你的脚会变得又冷又湿，因此，我不建议你这么做**（描绘后果），**但这事可以由你自己决定**（权力分享）。**请赶紧做出决定，我们将于5分钟之后出发。”**

如果你的女儿不喜欢脚变得又冷又湿的感觉，她很有可能不会再坚持这么做。（注意，她不喜欢又冷又湿的感觉，与你认为她不喜欢这种感觉，不是一回事。）

法则38

优质父母
要有掌控力

父母要有掌控力的观点看上去似乎与前一章节（参见法则37）提出的与孩子分享权力的观点相反。然而，具有掌控力——我把它称为威权式风格——意味着你能很好地行使你作为父母的权力，既能用好它，又能分享它。

不同于独裁式风格（“就得按我的方式来做”或者“因为我说了算”）或者纵容式风格（“你怎么做都可以”或者“如果你不想这么做，也没关系”），威权式风格（见注释25）在回应孩子的需求和为孩子设定坚决而公正的界线之间，实现了很好的平衡。

威权式风格意味着，根据孩子的成长情况，不断给予孩子适当的自治空间，给孩子自己做决定和犯错误的机会。

它还意味着，你对孩子要关怀而不是溺爱，要坚决而不是强迫。

就这种教育风格而言，管教不是为了惩罚，而是为了帮助孩子学习成长（参见法则28），尤其要聚焦于孩子的具体行为，而不是孩子的本性（参见法则9）。

以下是一些不属于威权式风格的做法：

- 父母知道某个规矩，但不喜欢这个规矩，为了不让孩子生气或苦恼，也不让孩子遵守这个规矩。
- 你十几岁的孩子正在与他的朋友们玩社交游戏，你加入其中，扮演他们中的一个角色。
- 为了让孩子按照你说的去做，你使用了肢体暴力或攻击性手段。
- 为了让孩子保持安静，父母对即将哭闹的孩子言听计从。

相反，威权式父母尽量做到实事求是、态度坚决、有理有据、客观公正、连贯一致、言行可期、充满关爱、有同理心。本书所总结的很多教育实践，都符合威权式风格。

更重要的是，威权式父母避免了使用羞辱（“你有毛病吧？”）、责备（“你把我惹毛了！”），或者威胁（“你最好______否则______！”）来建立和执行规则（参见法则10）。相反，他们实事求是（参见法则54），有理有据（参见法则46），连贯一致（参见法则53），具有同理心（参见法则6），有时还会给以严正的警告（参见法则47）。他们专注于亲子关系（参见法则74），对待孩子的态度温暖而又充满关爱（参见法则39）。

教你这样做：

威权式管理是一般性的教育风格，它由很多相互关联的教育行为所组成。前文列出了一些参考原则，父母可以进一步参阅这些原则的案例，通过语言和行为的操练形成自己的威权式教育风格。

法则 39

优质父母
对待孩子既温暖又关爱

当家庭生活非常和谐时，要做到温暖而关爱地对待孩子是一件很容易的事。但如果孩子的行为越过了界线，或者行为糟糕，要做到这一点就非常难了。然而，如果为了表达对孩子的愤怒或沮丧，我们就不再爱孩子，那么，我们就把爱当成了一种强制和惩罚的方式：只有当你按照我希望的方式去做时，我才会爱你。这就是有条件的爱。

相反，我们应该传递给孩子的信息是：即便我不喜欢你的行为，我也会永远爱你。我们要始终与孩子保持良好的情感关系，这一点非常重要，哪怕是——尤其是——在我们对孩子设定界线、执行纪律、施以惩罚时，也应该如此。

信任、尊重和坚实的情感联结，是建立良好亲子关系的基础，而良好的亲子关系又是幸福和谐的家庭生活的基础（参见法则74）。而且，研究显示，父母温暖的爱可以让孩子远离由童年压抑所造成的长期负面影响（见注释26）。

需要注意的是，对待孩子温暖而又关爱，与放纵或宠溺孩子不是一回事。温暖而又关爱并不意味着，对于孩子的无理要求，父母会做出妥协，或者允许孩子为所欲为。

相反，父母的目的在于，既要温暖而关爱地对待孩子，又要坚决让孩子遵守合理的规矩，从善而行。

本书中的大部分实操内容意在帮助你建立起这种平衡机制。比如：操练同理心（法则6）和积极的肢体接触（法则19）；努力做到实事求是（法则54）；接纳孩子的本来面目（法则9）；在孩子的行为和孩子本人之间做出区分（法则11）；用爱管教孩子（法则25）；具有掌控力（法则38）；欣赏孩子的长处（法则24）。

教你这样做：

提醒自己，孩子本人与孩子的行为不是一回事。把你的爱和情感聚焦在孩子的人格上，实事求是地处理他的错误行为。记住，管教可以用爱的方式来进行。

想象你刚刚管教了你的孩子，他很生气地回到了自己的房间，也许甚至是摔门而入，以表达他的愤怒。很快，睡觉的时间到了。你有一个习惯，每天要给孩子整理床被，给他一个晚安的亲吻。那个晚上，你是否不会再按照往常的惯例去做，因为孩子很生你的气（你也很生孩子的气）？基于前述理由，你一定要像往常那样去做！

继续坚持你的日常习惯，努力与孩子维持良好的关系。要是当你走进孩子房间，他要你走开，或者拒绝你亲吻他，你该怎么办呢？千万不要蛮干，而是要冷静清晰地告诉孩子，你愿意为他整理床被。通过你的所言所行，让孩子明白，管教他带来了后续的一些行为和情绪，但这些行为和情绪只不过是你长期关爱孩子的过程中泛起的一点涟漪。

“宝贝，我知道，你现在很生气，所以，你肯定不想让我给你一个晚安之吻。你确定不想我亲你吗？好吧，我爱你，明早见。”

法则40

优质父母
尊重、关心和友善地对待孩子

多数家长都希望自己的孩子对他们或其他成人说话时，会用“请”“谢谢”等礼貌用语，也懂得使用其他社交礼仪。

然而，在跟孩子说话时，这些父母当中，有很多人自己都不经常说“请”和“谢谢”。通常，这是因为他们忘了说。但还有些时候，是因为他们认为自己作为父母，有一种特权，要求孩子做到的事情，自己可以不用做到（参见法则37）。

如果我们想要孩子学会懂礼貌，在有压力的环境下举止端正，那么，我们既需要通过与他人的互动，也需要通过与孩子的日常互动，来为孩子树立榜样。类似的，如果我们经常朝孩子发火，就会在不经意间教会他们，发火是一种可以接受的沟通方式。

这一原则与接下来的另一个原则紧密相关（法则41）。

教你这样做：

留心你对孩子的说话方式和行为方式。观察你为孩子树立了怎样的行为榜样。如果你还没能做到以身作则，当你对孩子说话时，或者，希望孩子为你做某事时，就要尽量经常对孩子说“请”和“谢谢”。

还有另一种方法，可以用来确认哪些行为是家长必须以身作则、为孩子树立榜样的，那就是换位思考：如果你的孩子仿效了你的行为，你会感到高兴吗？（参见法则3）

法则 41

优质父母

希望孩子尊重、关心和友善地对待他们

尽管几乎每一个父母都希望孩子尊重、关心、友善地对待自己，他们也会对孩子对待他人的方式保持警觉，然而，令人惊讶的是，很多家长竟然在无意间纵容了孩子任性地对待他们。

你可以在日常生活中看到这类例子：孩子打扰他们的父母；孩子对父母出言不逊；孩子朝父母发火；击打、推搡父母；或者拉拽父母的头发。

尽管父母很少允许孩子如此对待他人，然而，由于如下一些原因，他们还是在不经意间让孩子任性地对待了他们自己：

- 父母没有关注孩子所处的场景，没有留意孩子的行为。
- 父母习惯了孩子的行为。

· 父母不知道如何改变孩子的行为。

· 父母认为孩子的行为并没有什么问题。

· 父母把容忍孩子的不良行为视为表达爱的一种方式。

无论是哪一种原因，容忍孩子任性地对待你，不仅仅会让孩子养成糟糕的行为习惯（参见法则20），还会使你的孩子更容易以同样的方式对待他人。

举个例子。假设有一个充满爱心的妈妈，非常体谅自己的儿子。但她注意到，其他孩子抱怨说，她的儿子对待他们很不友善。她知道，她一直以尊重和友善的态度对待她的儿子（参见法则40），但她没有注意到，她在无意中容忍自己的儿子经常打断她说话，冲她发火，或者当他生气时，推搡她。

教你这样做：

留心孩子与你相处的方式。如果你发现孩子对待你的方式，是你不想看到会发生在他人身上的方式，那就立即停止与孩子的互动（参见法则71），然后，实事求是地（参见法则54）指出孩子的行为错在哪里。要向孩子解释为什么他的行为是错的，要求孩子在改正行为之后，把刚才与你互动的场景重新过一遍。不要满足于孩子对行为的一次性改正（参见法则23），要创造机会反复练习（参见法则73）。如果有必要的话，你要明确给出行为的准则、给出准则的理由（参见法则46）以及给出严正的警告（参见法则47）。

法则42

优质父母
很少说“做得好！”或“你真聪明！”

从直觉上来说，表扬孩子漂亮、独特、有天赋，会帮助孩子建立起自信和健康的自尊心。但事实上，有很多令人信服的研究证据表明，不具体的、专注于能力的、过多的表扬往往适得其反，导致孩子发展出一种不健康的思维模式，优质心理学家卡罗尔·德韦克（Carol Dweck）把它称为“僵固思维”。

德韦克解释道：“处于僵固思维中的学生相信，他们的基本能力、他们的智商、天赋都是固定不变的特质。他们具备很多这样的特质，因而显得与众不同。然后，他们的目标就是要随时显得自己很聪明，绝不被人看作是傻瓜。”（见注释27）拥有僵固思维模式的孩子通常不太愿意冒风险，或者尝试新的做法，因为他们害怕“出丑”，或者害怕失去他们独特而有天赋的社会地位。

然而，德韦克的研究还发现了另一种完全不同的思维模式。孩子的智商和能力都具有可塑性，父母应该告诉孩子，只要努力学习和坚持不懈，孩子就能形成这种思维模式。

德韦克把这种思维模式称为“成长思维”：“处于成长思维模式中的学生明白，他们的天赋和能力可以通过自身努力、好好学习和坚持不懈而得到提升。他们不必认为每个人的能力都一样，或者每个人都能成为爱因斯坦，但他们相信，只要不断努力，每个人都能变得更加聪明。”（见注释28）具有成长思维的孩子会把失败看作是学习成长过程中的一部分（参见法则13），他们的成功与他们的努力和坚持直接相关。

通过表扬，父母和其他成人可以让孩子具有成长思维模式。为了促进成长思维的形成，表扬应该具体化，着重于孩子在学习过程中的努力，而不是结果或能力——这种具体的、着眼于努力的表扬，有利于孩子形成成长思维模式。

“做得好”是非具体化表扬的一个典型例子。尽管这句话充满正能量，但它没有告诉孩子，他们具体在哪些方面做得好，才得到了这样的表扬。很多父母用“做得好”和其他类似的鼓励语句，整天不加区别地表扬孩子的行为（通常这些行为并不值得表扬）。

还有一种表扬方式，也会在无意中产生负面影响，那就是基于结果或特质的表扬，比如，“你真聪明”，“你____方面的能力太强了”，或者任何这样一种表扬：着重于强调孩子与生俱来的特质，而不是孩子具体做了些什么。

表扬的底线：使用表扬是为了传递这样一种信息：通过努力学习和坚持不懈，孩子更容易获得成功（见注释29）。

教你这样做：

密切留意你会在什么时候表扬孩子，是如何表扬的。避免说“做得好！”，除非你同时还能说出孩子具体在哪些方面做得好。

类似的，避免基于能力的表扬，比如：“你真聪明/有天赋/在____方面有能力。”

例如，不要说，“做得好，你的成绩单上有两个A！”，你可以这样说：“嗨，我注意到，你的学习一直很努力，尤其在历史和代数两门学科上，你倾注了很多心力。很显然，你的努力没有白费，得到了回报。我知道，刚开年的时候，你对你的成绩有多么沮丧。不过现在，我真为你的努力和坚韧感到自豪。”

要是你知道你的孩子没怎么努力就得到了两个A，又该怎么办？这种情况下，你可以不用多说什么，或者，你可以向孩子提出挑战，让他在其他科目上更加努力，改善成绩。比如：“我发现，你在代数上又拿了一个A。我很想知道，数学是不是对你已经没有挑战了？另外，你还把英语成绩从B^-提高到了B^+。我真为你的进步感到自豪。我还注意到，你额外花了很多时间和精力在读书报告上，效果也很不错。干得漂亮！”

法则43

优质父母
通常避免给孩子贴标签

想象这样一个普通的场景：一个妈妈带着她的小儿子走进一间挤满了人的屋子（也许，有一个孩子正在里面过生日），儿子紧紧拽住妈妈的裤腿，妈妈叫他跟其他孩子打招呼，或者让他去跟其他孩子玩，他都不乐意。“他只是很害羞。”妈妈对另一个走过来问候他们的妈妈说。

这句话听起来无伤大雅，但是，如果不断重复，这种标签通常就会成为孩子牢固的印记。它会导致其他人也像她那样描绘她的儿子，她的儿子也会像她那样看待自己。无论你认为害羞是“好事”还是“坏事”，这不是问题的关键——问题的关键在于，类似这样的标签是从外部对一个人强加了一种特质，而且还意味着，这种特质是固定不变的（郑重声明，我不认为害羞是坏事)。

有些标签，虽然很多父母用起来觉得挺好(比如，“她真聪明”)，但实际上仍是有问题的，因为它们向孩子灌输了这样一种观念：不管怎么说，某种特质是一种天生的、固定的品格，是孩子自身的一部分。

如果某个标签是积极正面的，孩子就会认为“我很聪明/很有创造力/很擅长体育运动，我想一直处于这种状态”(也就是说，一直拥有这种标签)。孩子对自己的这种认知就属于“僵固思维”模式，它会让孩子不愿冒险，不愿面对失败的可能性，而这反过来又会导致他们逐渐失去积极的标签。

如果标签被视为负面的，孩子会认为“我很害羞/很紧张/不擅长画画，我不想成为这样的人”。在这种情况下，标签暗含着对孩子的指责，她可能会把指责的内容视为是她本人的固定特质，而不是把它视为可变的、可以受她控制的特质。

当然，一旦涉及提升道德水准和改善社会行为(比如，乐于助人、关心他人和共同分担)，有些标签还是有用的。比如，研究发现，如果给孩子打上“乐于助人”的标签(而不只是要求孩子去做好事)，那么，孩子明显更愿意与他人共同分担任务，比如，一起整理玩具。

现实生活中，大多数“害羞”或“聪明”之类的常用标签，并非是静止而稳定的个人特质，而是在不同情景下可以改变的。以聪明为例，我们都知道，孩子在某个领域显得很聪明，但在另一个领域却可能并非如此，而聪明这种特质可以通过坚持不懈的努力让人变得更聪明（参见法则42）。以害羞为例，孩子在某个场合显得很害羞，而在另一些场合则可能并非如此。研究显示，在婴幼儿阶段显示出害羞特点的孩子，大概有一半在十岁之后变得不再害羞（见注释30）。

教你这样做：

要留意你是如何向他人描述你的孩子的，以及你是如何当着孩子的面描述他本人的。改变你的话语方式，向孩子传递这样一种信息：他们的行为不代表他们的本质特性。

比如，你不应该说“他只是很害羞”，而是应该说：“他现在觉得很害羞。”在后面一句话中，害羞不是一个标签，而是陈述孩子在那个时刻的行为或者感受。

这种语句上的细微改变意味着，害羞不是一种“永恒的”特质，这让孩子有了更多的行为自由，可以在不同的时间和场合，采取不同的行为方式。

但是，如果你想鼓励孩子做出乐于助人、关心他人、共同分担的行为，那么，在孩子的行为结束之后，你可以对孩子使用描述良好品格的词组，以作为标签。比如：“**请成为一个助人为乐的孩子**”，或者，“**你真是一个具有爱心/乐于助人/慷慨大方的孩子**”。

法则44

优质父母
对孩子直言不讳

在我们的教育过程中，经常面临两难的困境：当孩子问我问题时，我是如实告诉他答案，还是出于保密、开玩笑、心灵的平静或其他理由，闪烁其词？

孩子总是会问很多问题（参见法则34），这让父母经常处于尴尬境地："我是一个优秀的舞蹈者/艺术家/棒球运动员吗？""你们要离婚了吗/要再生一个孩子吗/要失业了吗？""你信仰上帝吗/你认为我穿这件衣服好看吗/你认为我聪明吗？"

如何回答孩子呢？父母应该直言不讳，但同时要考虑到孩子的成长阶段和你个人的价值观。孩子不需要知道所有的事实和细节，但基于他们的年龄和成熟度，你可以决定如实回答的程度。

直言不讳同样还是教育内容的一部分，它可以让孩子相信父母是诚实的。既然孩子相信父母会如实回答他的问题，直言不讳的做法就会鼓励孩子向父母寻求建议。

大多数父母不可避免地会偏袒自己的孩子——这通常是件好事——但对孩子过于表扬（“你是我见过的最优秀的艺术家”）或者闪烁其词（“不要担心我的工作，宝贝；我能搞定它”）最终可能会让父母的话语和建议失去效力和可信度。比如，被过分表扬的孩子很可能得出这样一种结论：父母对他们的期望值太低了（参见法则42）。过度的表扬还会让孩子对自己的能力信心爆棚，当他们今后面对现实的残酷考验时，这可能会导致他们产生抑郁情绪。

教你这样做：

你8岁的儿子问你：“你认为我是一个优秀的足球运动员吗？”这是一个诚实回答孩子的黄金机会，同时还可以对孩子强调努力和训练的重要性。

不要只是说，**“是的，你踢得非常棒”，而是应该说类似这样的话：“基于你花在训练上的时间，以及你提升自己足球技能的努力程度，我认为，你有了很大的进步。从刚开始练习到现在，你控球技术的进步尤其大。”**

这里再提供另一个例子：你5岁的女儿问你：“你们要离婚了吗？”父母不应该闪烁其词，要尽可能如实回答，但又要省略一些不必要的细节，这取决于你孩子的年龄和成熟度。

你的第一反应可能是“为什么你会这么问？”这是一个很好的问题，可以帮助父母理解孩子提出这一问题背后的动机：她是担心不知道将会在哪里生活吗？或者，不知道将会在哪里上学？她是在为家里越来越多的争吵寻找解释吗？还是有其他的动机？

一旦你知道为什么孩子要问这个问题，你就可以有针对性地做出回应。比如：“妈妈和我讨论过离婚的可能性，但我们还没有达成一致。一旦有了结论，我们会第一时间让你知道。即便我们决定分开，你仍会在你现在的学校上学。”

法则45 优质父母使用“脚手架”

当孩子寻求父母的帮助或需要父母帮助时，“脚手架”的概念有助于父母为孩子提供支持。为了避免对孩子行为的过度干预，父母对孩子行为的介入必定是十分谨慎的。“脚手架”是一种方法，它允许父母在不越组代庖的前提下为孩子提供支持（见注释31）。

维基百科对“脚手架”的定义是:“一种临时性的结构，用于支持施工人员工作。它也指一些建筑材料，可以用于辅助房屋建设，或用于保养和修缮房屋。”这个定义中的关键词是“临时性的”“支持”和“辅助”。“脚手架”不是建筑本身，它只是临时性地协助建筑工人，方便他们修建房屋。

类似的，父母可以在孩子生活的各个领域提供支持和帮助（成为孩子的“脚手架”），而要避免替孩子做这样做那样（避免亲自建房）。

比如，如果你的孩子正为数学作业犯难（“妈妈，9除以4的结果以分数形式来表达，是多少？”），你可能忍不住想要直接跳进去，告诉孩子答案（“二又四分之一”）。然而，直接给孩子答案，不利于孩子长期的成长（参见法则4）。另一方面，如果你以如下方式回答，可能也不会帮到孩子：“继续努力，你一定会算出来的。”

两相平衡的方法就是使用“脚手架”。在这种方法下，你只需要提供辅助，但仍需要你的孩子独立完成重要的工作：“好吧，你想想，能够被4除尽的数中，最接近9的数是哪个？”如果有必要，你还可以进一步分解这个问题：“那个数与数字9之间有什么区别？”

关于“脚手架”方法，少即是多，点到为止。为了让孩子成功应对困难，并进一步掌握更高层次的能力，父母需要为孩子提供足够的支持（见注释32），这种支持聚焦于一点一滴的进步。

如果你还不知道该如何表扬孩子取得的小小进步，请参阅“演练”那一章（参见法则73）。关于如何创造表扬孩子的机会，该章节提供了更多细节。

教你这样做：

“脚手架”的目的是要帮助你的孩子培养和发展各方面的能力，从家庭作业和家务活到时间管理和组织能力。

今后，当你的孩子为了做某件事向你寻求帮助，或者需要你的帮助，而做这件事需要一些能力时，你就应该退一步，问问自己，这个任务或项目可以被分解为哪些更小的步骤，哪些步骤是你的孩子可以独立完成的，或者是可以在你的帮助下完成的。

比如，如果你想让你上小学的女儿为每天的上学做好准备，你就不要提醒她每天早上该做什么，或者给她提供一个任务清单，你可以让她想象一个平常上学的早上，让她讲述在出门去学校之前需要做哪些准备。当她陈述的时候，你可以做记录，或者更好的做法是，让她自己把这些事项写下来（穿衣、吃早饭、刷牙，等等）。或者，如果她既不想讲述，也不想做书面记录，就让她画一张任务导图。

如果她忽略了任何一个重要事项，要提示她：**“还有什么东西是你必须要带到学校去的？有吧？那么，想想是哪些东西？是的，正确，每周五要归还图书馆的借书。把它也写下来吧。”**

这么做的目的在于，让她仔细梳理早上的任务流程，为自己创建任务清单。通过这个过程，她将开始学会如何井井有条地做事，而且她也很可能会经常使用她自己创建的任务清单。

法则46

优质父母
应以理服人

作为父母，在忙碌的日常生活中，我们也许没有注意到，我们经常命令孩子做这样，不做那样："马上把你的鞋子穿上""把电脑关了""不准那么做"，等等。然后，如果孩子无视我们，或者拒绝照我们说的去做，我们就会很生气。

在这里，我们与孩子之间的权力争夺又开始了（参见法则61）。但是，如果能帮助孩子理解为什么我们要让他们这么做——也就是说，如果我们既给孩子命令，又给孩子理由，那么，就可以避免权力争夺。

需要注意的是："因为这是我的命令"，或者，"因为我是你的父亲/母亲"，这些话并不是理由（通常还会导致权力争夺或暗中较劲）。

尤其是对年龄小的孩子来说，我们的很多规矩和要求显得很武断——比如，“不要把你的牛奶洒在桌子上”，或者，“不要坐在狗身上”。把牛奶洒出来，然后看着它流进桌上的小坑中，对孩子来说，这是一件很有趣的事情（前提是你没有在洒出来之后立即清理桌面）。而坐在狗身上是孩子的一种探险行为（前提是你没有意识到，这么做可能会伤害狗，或者，把狗惹到了，会咬孩子）。

谈论规则或命令背后的理由会帮助孩子学会思考行为和选择的后果。父母要根据孩子的成长阶段调整理由，给一个2岁孩子的理由应该比给一个12岁孩子的理由更简单易懂。

以理服人还有一个重要的好处，它会迫使父母思考规则和命令的理据何在。在有些情况下，我们只是一味地坚持要这么做，但并没有真正思考过为什么必须这么做。我们的孩子每天一定要梳头吗，或者一定要穿运动鞋吗？这要由你决定。但要记住，一旦你制定了一个规矩，就需要持之以恒地执行它（参见法则53）。否则，又何必浪费制定规矩的时间呢？

思考规则的理由能够帮助我们确定，哪些规则是最重要的，然后，尽可能地减少规则，只保留必不可少的。要尽可能减少家庭规则的数量，只保留真正重要的那些规则。这么做有一系列的好处：它可以给我们的孩子以更大的自治空间（参见法则37），减少家庭的权力争夺，需要父母执行的规则大为减少。

需要注意的是，最有效的理由往往会以健康或安全、他人的需要和感受(比如,被人骑在身上的狗儿的感受,或者,打扫桌子的成人的感受)，以及行为的长期效应作为理据。

说理的方法并不保证你的孩子会马上遵守你的规则和命令（参见法则29和34），但却向孩子显示出，你希望做到以理服人。更重要的是，它还向你的孩子强调了用理由去激发行为的重要性（见注释33）。

教你这样做：

无论你在什么时候制定了一个规则，或者，发出了一个命令，一定要根据孩子的成长阶段，给出简明的理由。我把这种方法称为“R/R”法（要求/理由，Request/Reason）。

千万不要说,“请现在就把你的鞋子穿上”,而应该说:**“我们要去接你的朋友，然后一起练习踢足球。请现在就把你的鞋子穿上（要求），我们将在两分钟之后出发，否则，我们就要迟到了（理由）。”**

法则47

优质父母
会严正警告孩子

严正警告孩子是用爱管教孩子的基石，我一直在我的研讨班上这样教导父母：我们希望孩子认识到，行为是一种选择，因此，我们就需要提前告诉他们，破坏规矩或无视命令的后果是什么。

这一原则与前文所述的一个原则（法则46）密切相关。当孩子知道了规则是什么，以及知道了规则的理由，他们还需要知道，如果他们选择破坏规则（或忽视你的命令），将会发生什么。这就是“严正警告”原则。它适用于父母必须向孩子揭示后果的情况（不是揭示自然后果，因为，自然后果通常是正面的——参见法则50）。

严正警告是有效管教的关键组成部分，因为如果孩子能提前知道破坏规则的后果，那么，他们必须对自己的行为做出选择：要么遵守规则，要么破坏规则，接受负面后果。毫不奇怪，严正警告同样强调一种相关的原则：行为是一种选择（参见法则11）。

严正警告原则一个重要的暗含之义是：如果孩子根本就不知道规则是什么（无论这种规则在你看来有多明显），那孩子就不应该受到处罚。

比如，如果小比利想用蜡笔在新沙发上画画，因为他觉得这么做很有趣，记住，他很可能是想探索并参与他所在的环境（参见法则34）。如果你对此很生气，深呼吸，冷静下来（参见法则15和16），然后，实事求是地（参见法则54）告诉孩子规则、理由和今后再这么做的后果。这样的例子参见后文“教你这样做”部分。

经常有人问这样一个问题：严正警告与威胁有什么区别。主要有三个方面的区别：（1）处罚的性质，（2）以什么方式向孩子揭示和执行这些处罚，（3）一致性。简而言之，处罚应该与所犯错误的性质和程度相匹配（也即是，不要因为你的情绪很糟糕，就严厉处罚孩子），应该实事求是，具有一致性。更多信息，参见法则51和53。

关于严正警告的另一个常见问题是，你警告孩子的频率应该是怎样的？答案取决于孩子的年龄和成长阶段。年龄更小的孩子需要经常提醒（参见法则29）。如果你不确定孩子的行为是错的，那就做无罪推定（参见法则36），之后再提醒他们。

尽管如此，如果你已经清楚地跟孩子沟通和探讨了你的规则和价值观，然而你8岁的孩子还是偷偷使用你的信用卡在网上为他自己买了一双鞋，哪怕他之前从未这么做过，也不用再警告他了，直接对他施以适当的处罚（但要确保在处罚之后，与孩子探讨为什么他的行为是不可接受的）。

底线：除非孩子故意破坏规则，或者有意无视合理的要求，否则，不要管教孩子。

教你这样做：

“宝贝，我知道，在沙发上画画很有趣（同理心）。但如果你这么做，沙发上的笔迹是很难清洗的，沙发就会因此坏掉（理由）。一旦我发现你在沙发上画画，我就会把蜡笔藏起来，直到你明白哪些地方可以画画为止。（或者：‘一旦你在沙发上画画，我就会盯着你。’）如果你不知道哪些地方可以画画，直接问我就是。”

然后，当比利使用蜡笔时，要密切观察他的行为，时刻准备着，一旦他在你不允许的地方画画，就要马上让他做出改变。

即使你把蜡笔藏起来，最好也只是短暂保留（几分钟），然后，把它还给孩子，再把刚才的情景与孩子重新演练一遍（参见法则72）。如果在反复演练几遍之后，他还是要用蜡笔在沙发上画画，那就把蜡笔拿走，当天都不再还给他。然后，第二天再演练一遍。当孩子不用蜡笔在家具上画画了，要及时给予大量的具体的表扬。（参见法则42）（比如，“比利，我很高兴地看到，你用蜡笔在纸上和纸板上画画，我真的很欣赏你不在家具上画画。谢谢你，宝贝！”）

法则48

优质父母
让决策过程透明

对很多孩子来说，父母的决定像是从一个尽人皆知的黑箱里蹦出来的似的:“是的，你可以去参见聚会”，或者，“不行,你不能买那个玩具”。这些决定就这样传递给了孩子,而孩子根本不明白父母是如何做出这些决定的。如果这种情况经常发生,孩子就会认为父母是不公正的、不讲道理的,同时,父母也会失去机会，向孩子讲述这些决定背后的故事:父母是如何为这个决定寻找理由的，如何权衡不同的行为选项和优先顺序，最后，又是如何做出决定，采取行动的。

关于如何做到让决策程序透明，其中一个做法，就是要给出理由（参见法则46)，另一个做法是要讲述你的内心过程。因此，如果你告诉你12岁的女儿，她不能去参加跨夜聚会，你要给她理由，还要解释这些理由是如何让你形成最终决定的："我知道你真的很想去参加安妮的跨夜聚会，如果错过这个聚会，你会感到很沮丧（同理心，法则6）。与此同时，这周你每天都睡得很晚，我不想你又有一天睡得很晚（理由/过程）。如果你以后想要参加跨夜聚会，请让我相信，在此之前，你每晚至少保证了9个小时的睡眠（给出替代方案，法则22）。"

让决策透明的另一个好处是，它为改变你自己的想法做了铺垫。本书强调言出必行（参见法则1）和行为连贯一致（参见法则53）的重要性，但如果你先是告诉女儿不能参加跨夜聚会，之后又改变了主意，这时该怎么办呢？

你改变主意应该有自己的正当理由，但是，如果你不把这个理由清晰地告诉女儿，你女儿就会认为，你改变主意只不过是在迁就她，因为在得知不能参加聚会后，她不停地大哭大闹（"你根本不理解我！你是天底下最坏的妈妈！"）。如果这种情况真的发生，你女儿为了得到她想要的结果，今后使用大哭大闹策略的可能性会大大增加（参见法则21和23）。

相反，你应该这样说："宝贝，我知道，如果不能参加聚会，你会很失望（同理心）。如果你愿意跟我谈谈我所担心的你的睡眠情况的话，我愿意重新考虑我的决定（情景重现，法则72）。"

接下来，经过沟通，你做出了一定的妥协，允许她去参加聚会，但只能待上一段时间，你会在某个时间点接她回家，以保证她能按时上床睡觉。或者，你可能会提议，让你女儿邀请朋友到你家里来聚会，并且把聚会时间提前，这样，你就能掌控女儿的作息时间了。

相比起沟通过程，具体的解决方案并不那么重要。沟通的目的是要让女儿明白，你的决定是有深思熟虑的理由的（即便女儿不同意你的理由）。

教你这样做：

如果你正在做一个决定，其结果对你的孩子很重要，那你就要尽可能地向孩子解释清楚，你为什么要做出这个决定，以及是如何做出这个决定的。如果你决定改变主意，也要向孩子解释改变主意的内心过程。

法则49

优质父母
知道说理的局限性

说理对于支持我们的规则、要求和纪律是很重要的（参见法则46），但它仍然有局限性。

如果你曾经跟一个处于情绪失控或者愤怒状态的孩子说理，你就会明白我所说的意思：要想让这类孩子冷静下来，通过向他们解释为什么他们不应该生气，或者，为什么他们会受到让他们感到愤怒的惩罚，是没有任何效果的。

试图在一个孩子（或成人）情绪激动的时候跟他说理，很可能会让问题更加恶化，而不是得到解决。在这些情况下，说理应该被暂时放在一边。

只要人还处于激动的情绪之中，说理基本上是无效的。情绪一直是我们思考和决策过程的一部分，但当我们处于激动或疲乏的状态时，情绪会有效地压制我们清晰、理性的思考能力，导致我们做出随后让我们感到后悔的事情，说出随后让我们感到后悔的话。这种情况既发生在孩子身上，也发生在成人身上。

在被情绪所困扰的情况下，最好的解决方式不是说理，而是从情感出发。而最好的情感工具，就是同理心（参见法则6）。

我们必须注意到那个时刻发生了什么（参见法则17），因此，我们才能知道，在那种场合下，应该用同理心（情感），而不是说理（理性思维）。

还需要注意的是，对于改变行为而言，说理不是最有效的方式——最有效的是重放（参见法则72）和演练（参见法则73）。

教你这样做：

在我们的教育生活中，这一原则意味着，我们要以情感来解决情感。如果我们的孩子正在生气，或者，情绪十分低落，我们应该加入到他的感受当中，而不是试图用说理来帮助他摆脱困境，应该暂时把说理放一边。

比如，想象你12岁的女儿已经准备好要去学校上学了，但她不知道该穿什么衣服。她已经试了三套衣服了，仍然不满意。你可以告诉女儿，你认为这三套衣服穿起来都很不错，但没有用，你女儿还是越来越烦躁。她抱怨说："这些衣服太丑了，我没有衣服可穿了，我不喜欢我的衣服。"

这个时候，你很可能忍不住想向女儿解释，她已经有很多衣服了。你努力工作所赚的钱，有很多都花在她的衣服上了，这些衣服都很漂亮，等等。尽管这些说法都是真实的，但这样的回应方式只会激化矛盾。把这些话留到稍后再说吧。

相反，如果你的目的是要缓和女儿的情绪，让你的女儿很快跨过穿衣服这件事，那你就要聚焦于女儿的情绪。"**听上去，你现在似乎确实不喜欢你的任何一套衣服。真为你感到遗憾，宝贝。**"如果你自己也有类似经历，你还可以增加这么一段："**某天晚上，我要出门与朋友聚餐，但根本找不到一件让我满意的衣服，那真是令人沮丧。**"

说了这些话之后，如果时机合适，可以试着换一个话题，把注意力转到一个情绪中立的主题上："**那么，你是想在面包上抹花生酱呢，还是抹蜂蜜？**"

法则50　优质父母懂得利用自然后果的力量

让孩子经受他们自身行为和选择的自然后果，这是学习成长的必经之路。

孩子（大人也一样）从经验中学到的东西最多。我们可以与孩子分享自己“汲取的教训”，有些孩子会用心听，并从这些教训中学到很多东西，但很多孩子还是会选择自己去尝试和经历（参见法则34）。当他们选择了某个行为，但结果或体验并不令人愉快时，他们就会选择不同的行为，最终，在这一过程中，他们学会了如何做出更好的决定。这就是经验式学习。

使用自然后果原则有一个重要的例外情况：自然后果通常是可以接受的，除非它们危及了任何人的健康或安全。比如，如果你的孩子不喜欢系安全带，你不应该让他们体验这么做的自然后果。还有一个类似的例外情况：孩子行为的自然后果可能会严重影响他们或其他人的未来福祉（比如，犯罪）。这里所强调的要点在于，提前预判，问问自己，自然后果是否有利于孩子的学习成长。

既然父母没有干预，允许孩子自己做决定，并承受行为的自然后果，这一原则就能最大限度地减少家庭的权力争夺（参见法则61）。比如，如果某一天你的儿子坚持要穿T恤上学，而你发现天气很冷，需要穿外衣，那就让他自己决定，而不是非要让他带上外套。在参加课外活动时他感到室外有点冷，主动回到了室内，如果他不想类似的情况再度发生，今后他可能会做出不同的选择——把外套带上。

类似的，如果你的儿子经常忘带家庭作业（然后，你把它送到学校），你可能阻止了孩子从自然后果中学习成长的机会。如果你决心让孩子有所改变，首先，要事先（参见法则35）让他知道，你不会再把家庭作业送到学校去了。然后，再看看要不要教他如何把自己早上的上学前准备安排得井井有条（参见法则45）。

还可以参见过度干预原则（参见法则13）和冒风险原则（参见法则59）。

教你这样做：

当你与孩子一起规划某天的活动时，寻找机会，把自己抽离出来，让孩子从经验和错误中学习（当然，我们提到了一些例外情况）。

如果你不认同孩子的选择，或者，曾经“改变”（参见法则13）过他们的选择，那么，你要向孩子描绘行为的后果（参见法则35），但仍然要让他们自己来做决定。如果你的孩子离家上学时，总是丢三落四，你还需要考虑，你的孩子是否需要更多的帮助，以培养新的能力，让他的行为更具有条理性（参见法则45）。

然而，在有些情况下，如果不能让孩子承受自然后果（比如，会对某人的健康或安全造成威胁），那么：

1. 从同理心开始（参见法则6）。
2. 为规则提供理由（参见法则46）。
3. 考虑使用转移注意力、换种说法（参见法则65），或者，“逗傻”（参见法则69）等方法。这些方法对年龄更小的孩子最有效。
4. 给以严正的警告（法则47）。
5. 安排行为演练（法则73）。

举一个例子（采用上述步骤1—3）：“宝贝，我知道，系上安全带让你感到很不舒服，你确实很不喜欢系它（同理心）。事实上，安全带让我们在车里更安全，每一个坐在车里的人都必须系上它（理由）。嘿，我们来玩‘我是侦探’游戏。我侦察到了又绿又圆（见注释34）的东西（转移注意力）。”

法则 51

优质父母
会给孩子开罚单

你有没有注意过，在繁忙路段的沿线，竖立着电子测速仪，如果你的车速太快，仪器会提醒你超速了。对于这种提醒，司机们有不同的态度：有些会尊重提醒，放慢速度；而有些则熟视无睹。

孩子的态度也跟司机一样。有些孩子只需要稍微提醒一下，他们的行为越过底线了，他们就会做出改变。而有些孩子则会忽略提醒，继续“超速行驶”，对于这些孩子，需要给他们开张超速罚单，才有可能改变他们的行为（此外，还要为他们提供改变行为的机会）。开超速罚单就是一种处罚。

如果你的孩子一碰到提醒，就能积极改正，那就不用处罚他们。但如果你已经设定了限制，孩子还总是无视它，那么，你就应该给孩子开超速罚单（也即是，处罚孩子）。

除非你的处罚危及到孩子的健康或安全，否则，孩子需要尝到负面行为的恶果。处罚可以帮助孩子修正对事物的判断，有助于孩子从实践中学习，因而可以提高孩子的自制能力。如果孩子不会因为自身的负面行为而受到处罚，那他们就会失去批判性学习的机会。

为了让孩子从处罚中学习成长，父母应该如何利用处罚这一手段呢?

一般而言，自然后果（参见法则50）是最好的老师（比如，忘带家庭作业，就给学生扣分）。但很多时候，自然后果不是最佳选择，比如，当孩子拒不系安全带时；或者，有时，即便没有产生自然后果，也需要父母介入；又如，当孩子踢飞机上的座椅，并且不听招呼时。

如果你要处罚孩子，这里为你提供一些指导。处罚应该具有如下特点：

1.有意义（必须针对的是在那个时间点对孩子来说很重要的东西，比如，喜欢的玩具或衣服） 对某个孩子有意义的处罚，不见得对另一个孩子有意义，因此，要想处罚有意义，你就必须得知道，哪些事物对你的孩子来说很重要（注意，你的孩子所看重的事物也会随时发生变化）。

2. 相关性（无论什么时候，处罚都要与具体的情景相关） 相关的后果能够解决问题，比如，如果孩子用蜡笔在家具上而不是纸上涂画，你就要暂时把蜡笔拿走。当情况牵涉到损害他人利益时，相关的处罚通常还包括事后补偿，比如，向他人道歉、修补被损坏的东西。

3. 匹配性 处罚要与后果的严重程度相匹配。避免过于严厉或长时间地处罚孩子，这样的处罚就成了过度惩罚。通常，父母在生气或沮丧的时候，会对孩子施以过度惩罚（参见法则15和法则64）。过度惩罚会导致孩子的逆反情绪，因为如果惩罚太严厉，孩子就会把注意力放在惩罚的公正性上，而不是从惩罚中吸取教训，而且它还会损害亲子关系（参见法则74）。

举个例子，你因为超速被警察拦到路边，测速仪显示，车速已超出上限每小时十英里，你预计罚款金额不会太大。不幸的是，警察那天的心情很不好，给你开了一张1万美元的罚单，这时，你会有什么感受？估计你不会从这次违规中学到任何积极的东西（比如，今后再开到这个地方，一定会减速行驶），而很可能会聚焦于警察的巨额罚款有多么不公正（你还可能把注意力放在警察本人身上）。

4. 可行性（有可操作性，而且处罚要尽可能及时） 处罚应该是你能够做到并且愿意保持一致性的行为（参见法则1和法则53）。与此相关，记住，处罚最好要及时给予（如果及时给予无法做到，可以参见法则66）。

因此，把你孩子最喜欢的玩具动物藏一个星期，或者，罚你十来岁的孩子一个月不准出门，这些做法都不对，因为这些都属于过度惩罚（而不是着重于教导；参见法则28），还因为它们很难执行（你真能做到随时盯紧你十来岁的孩子一个月吗？如果那个玩具动物能够帮助你的孩子入睡呢？）

处罚绝不应该与孩子的基本需求相关，比如，食物、得到保护和关爱。还要记住，正反馈效应（参见法则24）在孩子身上表现得最明显，因此，要想改变孩子的行为，最好的办法就是尽可能地创造机会，让孩子反复操练你想要的行为（参见法则21、22、45、72和73）。

如何对孩子执行处罚同样很重要：处罚之前应该跟孩子沟通，并且，还要冷静和实事求是地实施（参见法则54）。

处罚的目的不是惩罚，而是要帮助孩子学习成长。基于这个原因，通常，对行为的损失做出赔偿，就是最好的处罚。所以，如果你反复告诫孩子不要在家里玩皮球，孩子没听你的话，结果打碎了花瓶，那你就应该让他用他积攒的储蓄或零花钱重新买一个花瓶。

同样为了让孩子汲取教训，施以处罚时，一定要让她知道，**为什么她会受到处罚**（参见法则46）。根据具体情况，有时，还要与孩子探讨她的行为会对他人造成什么影响：“宝贝，我要把你的皮球藏起来，直到明天才给你。我们需要探讨一下，你该如何还原你刚才打碎的花瓶。我之前叫你去室外玩皮球，就是因为家里的易碎品太多。现在，你把我和你爸爸在蜜月时买的花瓶打碎了，我很伤心，因为它能让我和你爸爸想起很多美好的回忆。”

对于很多父母来说，一个巨大的挑战在于，当某种行为不具有自然后果时，他们不知道该如何对孩子施以处罚。在有些情况下，父母很容易想到处罚方式，比如，如果孩子用蜡笔在家具上涂画，就把蜡笔藏起来。但有些情况则很难处理，比如，你的孩子在某个特殊场合行为不端。这时，最容易的处罚方式就是立即离开那个地方，但也许你根本不想或者不能离开（或者，事实上，离开正是孩子所希望的）。这种情况下，你需要想出一个对孩子很管用的处罚方法，比如，暂停他玩模型火车一天。

我建议父母在平日冷静的时候提前想好处罚方式，这些方式对孩子来说既要管用又要恰当。如果你提前预备好了一些可行的处罚方式，你就不会在情急之下过度惩罚孩子了。因为，当你正对孩子的行为生气或沮丧时，很容易丧失理性思考或创造性思考的能力（参见法则49）。

最后，要记住，处罚可以打压不良行为，但父母还必须告诉孩子，他们希望孩子做出哪些恰当的行为（参见法则22），然后，为他们提供操练这些行为的机会。

教你这样做:

“宝贝，我知道，安静不动地坐很长时间，确实很无聊，你肯定很想站起来，在周边活动一下（同理心）。与此同时，这是你阿姨的婚礼现场，这对她来说是一个非常特别的时刻和场合（理由），所以，虽然做到这一点不容易，但我们需要拿出最有礼貌的举止。让我们把自己想象成一座雕塑，看看我们静止不动能做到什么程度（重构命令，参见法则67）。我想要变成一座狮子的雕像；你想变成什么雕像？预备，倒数，开始！”

如果你的孩子有能力做到安静不动，但却一直动来动去：你需要简洁地重复前述规矩和理由，然后，再补充说：“如果你选择动来动去，那你的新火车玩具就会被没收，直到明天才会还给你（严正警告，参见法则47）。”

记住，如果孩子还不具有遵守规矩或其他行为准则的能力，那我们就不应该期待孩子会有恰当的行为。如果一个婴儿在婚礼上又哭又闹，这不是婴儿的错，只需要把婴儿带离婚礼现场即可，然后，心平气和地安抚婴儿。

法则52

优质父母
会设置“减速带”

尽管孩子有时需要“超速罚单”（参见法则51）来汲取教训（参见法则28），但通常，最好的方法还是尽可能少地让孩子出现在容易犯错的场合。打个比方，如果你不想让你的孩子超速（也即是，不想让他做出不良行为），那就应该为他设置“减速带”，防止他超速，于是，就没必要开罚单了。因此，父母要改变环境，避免出现导致孩子犯错的场景。

想象一下，每次你带孩子去杂货店，孩子跑来跑去，把杂货店搞得一团糟。你可能会考虑，今后是否还会再带孩子来杂货店。类似的，如果你的孩子一直从柜子里往外拿易碎品，你就一定要把柜子锁好。你应该帮助孩子做到行为端正。

“减速带”方法最适用于父母有能力掌控的情景或者不

经常发生的情景。然而，如果造成问题的情景是日常生活中的一部分，或者，那些情景是你很难掌控的，那么，最好的办法就是直接介入，改变孩子的不良行为（如何做呢？参见法则45、46、47、51、53、72和73）。

教你这样做：

想一想孩子可能做出不良行为的场景。有没有一种方法可以改变这种场景，因此，孩子的不良行为也能得以避免？

一个很普遍的例子是，年纪很小的孩子很难与来访的同龄朋友分享玩具。你不应该去干涉孩子抢夺玩具或者干涉孩子之间的相互打斗（或者在事后管教你的孩子），相反，你应该在同龄朋友来访之前事先叫你的孩子把他的玩具收好。

“宝贝，茱莉娅和夏洛特很快就要到我们家了。如果你有很多你喜欢的玩具不想与他们分享，那现在就把它们收起来。否则，无论是什么玩具，只要是放在外面的，其他小朋友都可以与你一起玩。”

类似的，如果你发现，你的孩子在看完电视之后，又偷偷拿走了你的手机，玩起手机游戏来，你不用每次都处罚他，而是给手机设置一个新密码，没有你的允许，他就进入不了手机界面。

法则53

优质父母
行为连贯一致

连贯一致，意味着言出必行；意味着你的行为是可预测的。当我们的行为连贯一致的时候，孩子测试我们底线的行为就会减到最少，因为他们明白，我们总是说到做到。

连贯一致原则对于处罚的有效性同样很重要（参见法则51）。如果孩子发现，你只是有时执行规则，他们很可能就会试探父母的底线（参见法则1和法则34）。

底线：不要制定你不能（或不愿意）执行的规则，不要施以你不能（或不愿意）执行的处罚（但要记住，规则应该是有理由的，处罚不应该过于严厉或变成过度惩罚；参见法则28）。

作为父母，我们并不完美（参见法则12），因此，我们可能做不到百分之百地言出必行。我们只需要知道，你对待孩子的方式越连贯一致，他们挑战你的规则和底线的行为就会越少。

比如，如果我们有时坚持要孩子清理饭桌上的餐盘，而有时我们因为太累或注意力不集中，没有让孩子执行家庭规则，那么，这种不一致性就会让孩子试探我们定下的规则，他们时不时地会偷偷懒，直到我们明确向他们提出要求为止。

心理学家把这种现象称为“可变比率强化”（variable ratio reinforcement）。由于存在这种现象，父母不一致的行为会鼓励孩子更多地按照自己想要的方式去做。想象一只老鼠推动一根杠杆传送食球，如果那根杠杆以可预测的（或固定的）时间间隔传送食球，老鼠就可以准确知道它什么时候可以得到食物：它总是会在那个时候去推动杠杆，不会在其他时间期待食物的到来。

然而，如果杠杆传送食球的时间间隔是不可预测的（或者可变的），老鼠就不可能知道，在推了1次、50次或1000次杠杆之后，是否能得到食物，所以，它就会一次又一次地不停推动杠杆，希望最终能得到食物。当然，孩子不是老鼠，但“可变比率强化”的原则也适用于人类。

父母没能做到连贯一致，主要有如下三种原因：

1. 父母注意力不集中（他们没有注意到，自己的行为前后不一致）。

2. 父母不想处罚孩子（通常这是因为他们不方便处罚孩子，或者，处罚孩子让他们感到不舒服）。
3. 父母无法做到处罚孩子（因为情况不可能让父母处罚孩子，或者，情况不在父母的掌控之中）。

比如，考虑这样一个情景：爸爸与孩子去杂货店买东西，孩子老是把货架上的一排商品一个个地拿下来。在未经思考的情况下，爸爸可能会说："请不要这么做了，否则，我们就会离开杂货店。"孩子可能会淘气地看爸爸一眼，然后，又从货架上拿下一个商品（注意，爸爸没有给孩子提供理由——参见法则46——或者试图纠正孩子的行为——参见法则21和法则22）。

现在，爸爸的采购活动还没完成，但孩子再次"犯规"了。按事先约定，如果他要带孩子离开杂货店，这么做似乎也无可厚非。但是，他最好是把处罚的方式想得更具体更周全一些，以便可以果断地执行处罚（爸爸已经对孩子说了，处罚的方式就是离开杂货店，如果孩子"犯规"了，爸爸该怎么做？我的建议是，爸爸应该马上带孩子离开杂货店，但可以请求销售员替他保管已经买好的货物几个小时，他稍后会回来取这些货物，或者，叫另外一个人来取）。

类似的，当一个孩子拒绝离开杂货店或游乐场，我们会对孩子说："好吧，再见！我走了，如果你不跟上来，你就会留在这个地方。”我们这是在跟孩子玩“懦夫游戏”。要是孩子向你摊牌，拒不跟走你，你该怎么办呢？我们不可能真的让孩子独自待在那个地方，因此，这种处罚就毫无意义，不可能被执行。

教你这样做：

密切留意你要跟孩子沟通的具体处罚方式，最好是提前考虑，否则，你的想法会受到激动的情绪影响，而且还要确保你能够和愿意执行处罚。关于如何处罚孩子，参见法则51。

如果你认为，你不能或不愿执行某种处罚，那就换一种方式，使用“占位符”（法则66），或者，如果行为的后果很轻微，就忽略它。

如果你想改变主意，但又不想显得前后不一致，又该如何做呢？将你的思维过程透明化，向孩子解释，为什么你要改变主意（参见法则48）。这么做会减少孩子的误会，因为他们可能误认为你改变主意是因为你之前品行不端（比如，发牢骚、唠叨或发脾气）。

法则54

优质父母
尽可能实事求是

当孩子惹到我们——或者我们对孩子没有多少耐心时，父母所面临的一个最常见的挑战就是：如何保持冷静和实事求是。每个父母，包括我在内，对这个问题都很头疼。

父母明白，如果他们能对孩子实事求是，关心孩子的感受（参见法则6），避免权力争夺（参见法则61），既充满爱又坚决地执行家庭规矩（参见法则25），他们对孩子的教育就会取得更大成效。然而，说起来容易，做起来难。

在情绪激动之时，我们很难控制自己的情绪。于是，无论是孩子把他的碗盘扔出了桌子（再次），还是十来岁的孩子违反了晚上到点回家的作息纪律（再次），父母很难处理好这些突发情况。

当我们对孩子感到生气或沮丧时，一个常见的反应就是对孩子发火，或者采取其他攻击性行为。这些做法要么会让孩子感到害怕和受到威胁，要么会让孩子觉得好笑和有趣（参见法则70）。无论是哪种情况，一旦愤怒或沮丧控制了你，情况只会变得更糟，还会给孩子带来长期的负面后果，损害与孩子之间的关系。

发火也许可以吸引孩子的注意力，但这种做法是有问题的，因为它是一种功能失调的沟通方式（参见法则4）。研究显示，相比于打孩子这样的身体处罚，发火对孩子造成的负面影响更大。如果孩子经常遭到父母谩骂，他的自尊心就会更低，攻击性会更强，患抑郁症的风险也会增加（见注释35）。

当我们面对孩子的不良行为时，感到生气或沮丧是完全正常的。与此同时，很重要的一点在于，父母需要注意表达自身感受的方式。如果我们在处理孩子的不良行为时情绪激动，很可能就会对孩子表达出强烈的感受，比如，愤怒或沮丧，而表达方式不仅限于语言，还包括非语言（参见法则30和法则31）的肢体和语气，这些感受的表达有时会对孩子造成伤害。我们希望孩子能体会到他们自己的感受，并学会做出行为选择（参见法则11），其实，父母也要尽可能地做到这一点。

准确来讲，我并不是在说，当孩子做错了事，父母不应该感到生气或沮丧，而是说，我们不应该把这些感受冲动地表现出来。即便不发火或不搞冷战，我们仍可以有愤怒的情绪。我们可以生气，但仍要实事求是地对待孩子。

教你这样做:

当孩子惹到你时，或者，你觉得你的耐心已经耗尽时，做个深呼吸（或做几个），试试如下办法：假装你是一个酒店管理员。

每当我们想到管理员时，总会想到他们很友好，乐于助人，在有人遇到麻烦时，也能最大限度地保持克制。想象类似这样的画面是非常有帮助的，因为这些画面可以使我们在想象中演练恰当的行为，促使我们按照想象的画面来行动。

这里举一个例子：你6岁的儿子刚从自己的房间走出来，尽管你已经吩咐过他几次，让他穿上衣服，准备上学，但他还是穿着自己的睡衣。这种情况最近时常发生。

也许昨晚没睡好，你没能忍住自己的情绪，向孩子发了火："快去换衣服！太荒唐了！我简直不相信你还没把衣服换好，我已经提醒过你上百次了！"这种处理方法很可能会让孩子跟你发生冲突，一个早上都不得清净。

那么，一个酒店管理员会如何处理这种情况呢？"**宝贝，我知道，你确实很喜欢穿睡衣，你还想把睡衣穿到学校去**（同理心）。**与此同时，请记住，人们只能在家里穿睡衣**（理由，法则46)。**请现在就换一身衣服去上学**(命令)。**你可以把睡衣放在进门后的门边上，一旦你从学校回到家，就能马上换上睡衣啦**(替代行为，参见法则22)。”

尽管每种情况都各有不同，但假装自己是一个酒店管理员可以帮助你冷静而实事求是地——即便内心并不平静——处理孩子的行为，并为孩子提供一个好榜样——如何以一种减少矛盾和冲突的方式解决问题。

如果你发现自己经常需要控制情绪，有可能原因在于缺乏睡眠。睡眠不足会严重损害你控制冲动和掌控情绪的能力。因此，一定要确保自己有充足的睡眠，对成人而言，每晚至少要睡7—9个小时(参见法则64)。

法则55

优质父母
培养孩子幸福的习惯

我还没遇到过不希望自己孩子幸福的父母。然而，父母关于如何让孩子幸福的观念却与几十年来的研究结果相反，后者表明如何才能真正促进孩子的福祉。

对该研究成果做个简单的小结：幸福主要有三个维度，或者说是三种“品味”：快乐、参与和意义。

快乐是很多父母为了自己和孩子所追求的一种幸福。快乐的核心是要满足欲望和喜好——比如，美味的食物、有趣的经历、美丽的东西。我们试图替孩子选择他们会“喜欢”的夏令营，让他们吃他们“喜欢”吃的肉，组织他们“喜欢”的孩子聚会，等等。久而久之，这些行为会向孩子传递这样一种信息：幸福就是感觉良好、找到乐子，以及得到自己想要的。

然而，快乐和满足只能带来短暂的幸福感，不会持续很长时间。如果我们希望孩子拥有最棒的幸福体验和圆满的生活，就应该教会他们如何在自身喜欢的事物与重要的、良善的和有意义的事物之间寻求平衡。对幸福根源的研究显示，另外两种行为特质促进了长期的幸福感：沉浸其中（engagement）和有意义的行为（meaning）。

“沉浸其中”是指创造性地运用我们的才能，应对各种挑战。“沉浸其中”通常会产生“心流”（flow），一种完全专注于所做之事的心智状态（见注释36）。音乐和运动都是常见例子，但沉浸其中可以包括任何活动，它要求我们发挥自己的全部才能，用能力解决所面对的问题。

重要的是，沉浸于其中的行为并不总是“有趣的”或者令人开心的，至少，在最初阶段不是这样的。就像学习一门乐器或者电脑编程，这类活动通常很复杂，需要我们通过持续不断的练习提高相关技能（参见法则56）。

有意义的行为，也被称为“服务他人”，是指用我们的能力创造更大的善。当我们努力寻求生活的意义时，就会超越个人目标和欲望，专注于追求更大的社会影响力和目的。关爱和同情是有意义的生活的必要组成部分。

那么，幸福的本质是什么呢？相比于单纯的快乐，沉浸其中和有意义的行为使我们更幸福，对生活也更满意，而有意义的行为还有助于让他人变得幸福。沉浸其中和有意义的行为就是幸福的习惯。

另一个重要的幸福习惯是感恩。感恩就是常往好处想，无论人或事可能是什么样子。操练感恩可以减缓焦虑和抑郁，改善心智、情绪和身体健康。按照罗伯特·埃蒙斯（Robert Emmons）——一位优质"感恩"问题研究者——的理论，感恩还能改善人与人之间的关系——而人际关系是幸福的第一要素——"因为感恩使我们看到，我们是如何得到他人支持和认可的。"

还有一个重要的幸福习惯，也是经常被忽略的一个，就是锻炼身体。健身是一种身体活动，但对我们的心智健康有着巨大的好处。经常健身的人不仅身体更健康，也会觉得更幸福。健身对身体和心智具有如此之大的影响，它可能是我们为了提升自身福祉所能做的最重要的一件事（见注释37）。

幸福习惯还包括其他一些行为，比如，宽恕、警醒、乐观和友善。但我把四种行为放在最重要的位置上——沉浸其中、有意义的行为、感恩和健身——因为它们可以促进其他的幸福习惯，可以在做最好的自己（沉浸其中和健身）与建立良好的人际关系和社群（感恩和有意义的行为）之间求得平衡。

教你这样做：

从四种重要的幸福习惯做起，写下你将如何把这四种习惯运用到你和你孩子的日常生活中。接下来，你要帮助孩子培养这些习惯。不过，要记住，如果你不在自己的生活中为孩子树立榜样，孩子不太可能养成这些习惯。

1.沉浸其中 你的孩子有兴趣爱好吗？或者，哪些活动可以让她沉浸于其中（也就是说，一种产生“心流”的活动）？随着孩子能力的提升，这种活动的挑战性也在提升吗？这两个特征——沉浸在活动中的无时间感，以及活动本身不断增加的挑战可以匹配行动者不断提升的能力——就是沉浸于其中的标志（见注释38）。

对孩子来说，玩耍就是一种“心流”活动。要确保孩子每天都有自由而无拘束的玩耍时间（参见法则57）。对于年纪大一些的孩子来说（7岁以上），如果她还没有显示出对任何事情感兴趣，你就需要帮助她找到能让她沉浸其中的事情，做这些事情可以让她得到学习和成长。音乐和运动是不错的选择，但还要考虑其他需要能力并且挑战还会不断增加的活动，比如，艺术、园艺或木工。当然，父母还要确保孩子有时间从事这些活动。

记住，（1）你的孩子应该主动寻找能产生“心流”的活动，（2）你的孩子的“心流”活动可能与你所想的不一样。你可能希望孩子把棒球作为自己喜爱的运动，但他实际上喜欢做缝纫活。

2.有意义的行为 鼓励你的孩子思考周围的世界。志愿者行为是一项很好的有意义的行为，但其他能表现出关爱和友善的行为也都很有意义。有意义的行为可以是在你住家附近捡拾垃圾，可以是捐赠食物给当地避难所，或者可以是写信给当地的政客，督促他就紧迫的社会问题采取行动。

记住，从事志愿者和其他有意义的活动不是为了给上大学装扮简历——如果你的孩子认为，服务他人的最终目的是提高大学录取的成功率，那他就把行为的性质从服务他人变为追求自我利益了。

3.感恩 帮助孩子培养感恩习惯的一种流行做法，是把感恩行为融合进每天的家庭聚餐里。比如，晚餐时，你可以围着桌子走一圈，要求每个家庭成员说出一个或更多当天需要感恩的事情（比如，“我要感谢今天出太阳了，让我可以在野外吃午餐”，或者，“我很感谢爸爸给我准备的零食，那是我在学校最喜欢吃的零食”）。

培养感恩习惯的其他方式还包括：感谢某人（当面或写信）；每天写感恩日记；祷告。

4.健身 健身应该成为你和孩子每日必做之事，但健身不一定非要去健身房，或者甚至非要练出肌肉（见注释39）。对幼儿来说，健身就是玩耍。如果幼儿活动了身体，出了一身细汗，就可以算是运动了。

由于每天只有24个小时，所以，一定要把睡眠（参见法则58）和健身/玩耍放在比看电视或其他活动更重要的位置。

要把看电视和玩电脑视为家庭生活的边缘活动。如果家庭成员很容易接触到屏幕（比如，客厅墙上有一个很大的电视屏幕），或者，看电视是家庭日常生活的重要部分（比如，每晚在进餐的时候，或者在进餐结束之后，电视一直开着），那么，看电视就很可能挤占交谈、玩耍、阅读等其他更有意义的活动的时间。一定要学会有意识、有目的地使用看电视的时间。比如，你可以在周末晚上选择与家人一起看电影，或者，在周末的家庭登山活动结束之后，选择一家人一起玩电子游戏。

法则56

优质父母
教孩子三个“P”

很多父母告诉孩子:“你有能力做任何事情!”当然，我们希望鼓励孩子追求自己的兴趣爱好，而不希望他们的能力被社会环境所限制。与此同时，要告诉孩子，他们有能力做任何事情，这并不是一句真话。如果笃信这句话，就会带来意想不到的问题。

比如，如下这些情况就不是真的:任何人都能成为一个职业棒球运动员，或者成为一个时尚模特;每个人都能获得诺贝尔奖，或者成为最高法院大法官。我们每个人都受到自身天赋和现实竞争的制约。此外，运气和概率也在生活的结果中——包括成功——扮演了重要角色，它们的重要性比我们愿意承认的要大得多(见注释40)。

此外，研究显示，当我们为自己设定非常有雄心的目标时，这些目标会转化为有害的行为——比如，为了实现那些野心，会导致做出不道德的行为（见注释41），或者，当我们没能实现目标时，会感觉自我挫败。

父母告诉孩子，他们有能力做任何事情，但却没有给孩子提供行为路线图：这意味着，孩子应该为自己设定一个宏大的目标，但父母又没有提供更多的信息给孩子，教他们如何实现目标。父母最好是向孩子承认，重大的成就往往很难实现，而运气在生活中扮演了重要角色，然后，给孩子提供路线图，使他们可以一步步向目标推进。我把这种路线图称为“三个P”（the three Ps）。

与告诉孩子他们有能力做任何事情不同，父母应该教孩子学习“三个P”：练习（practice）、耐心（patience）和坚持（perseverance）。

1. 练习，努力要伴随着行为反馈，才能逐渐掌握某种能力，最终把某件事情做好。
2. 耐心，精通一种技能和实现有意义的成就，往往需要长时间的磨砺。
3. 坚持，做任何事情都会碰到障碍，遇到挫折。

向孩子强调，成功的定义是，自己不断努力（参见法则42）

以及取得一点一滴的个人进步，而不是与他人的成就进行比较。据说，托马斯·爱迪生曾说过，他的一个同事参观了他的工作室，发现了很多耗费爱迪生无数精力的失败的试验品，爱迪生说："我尝试了每种方法，但我没有失败，我找到了成千上万种不能成功的方法！"

教你这样做：

想象你的孩子正为科学科目的家庭作业犯难，他沮丧地抱怨说："我不会做这些题！"这时，父母不要回应说："是的，你一定会做的，让我来教你。"而应该这样说："**是的，科学这门学科的确很难，所以，你现在不会做这些题是很正常的。不过，如果你在上面花的时间和努力越多，这些题目就会变得越简单。**"然后，你应该尽可能地为孩子做题提供帮助和指导，但不要直接告诉他答案（参见法则45）。

类似的，当你看到某人表现出高水平的技能或能力，比如，一个职业体育运动员，或者，一个成就斐然的音乐家，你可以对孩子说："**哇，她真是一个伟大的网球运动员。我敢打赌，她肯定花了很多年时间，经过成千上万个小时的训练，才实现了今天的成就。**"

法则57

优质父母
保证孩子玩耍的时间

弗雷德·罗杰斯（Fred Rogers），主持美国公共电视网《罗杰斯先生的邻居》（*Mister Rogers' Neighborhood*）节目长达三十多年，曾经说过一句名言：“对孩子来说，玩耍就是真正的学习，玩耍就是童年真正的工作。”研究证实了他的说法：自由而无拘束的玩耍对于孩子的全面发展绝对是至关重要的（见注释42）。玩耍可以促进大脑的健康生长，有助于提高创造力、决策能力、解决问题能力和社交能力，等等。

尽管有些孩子的生活环境无法让他们拥有足够多的玩耍时间（比如，周围暴力事件频发），但那些生活在安全而富有环境下的孩子，仍然没有足够多的时间或机会玩耍。矛盾之处在于，越是富有的父母，本来最有条件为孩子提供自由而无拘束的玩耍时间，但越是会在无意中剥夺它（见注释43）。

当孩子的生活被运动、学习、拓展训练和其他正式的活动——尽管这些活动也是有益的——填满时，用于玩耍的时间就减少了。在有些家庭，玩耍是排在所有其他活动之后的，比如，在更有教化意味的活动结束之后。然而，玩耍时间应该被优先保证。我所谓的玩耍，是指非正式的、富有想象力的、由孩子自己主导的玩耍行为，它没有外在的目标，玩耍本身就是目的（见注释44）。

这并非是说，你不应该让孩子参与运动、音乐或其他正式活动，而是说，你应该努力确保孩子每天都有机会按照自己的想法，自由而无拘束地玩耍，包括在户外玩耍。玩耍的时间多长合适呢？研究显示，每天至少要保证60分钟，但这一总计时间可以在一天中累计完成（见注释45）。

对每一个年龄较小的孩子来说（上幼儿园的年纪或更小），玩耍应该是每天的主要活动。如果你的孩子正在上幼儿园，幼儿园的学习也应该以玩耍为主。这意味着，幼儿园不应该为孩子提供学术上的目标和计划，比如，培养孩子的阅读或数学技能。在以玩耍为主的幼儿园里，孩子有时可以通过自由的玩耍以及与老师互动，学会那些学习技能。如果这种情况发生了，那就恰好实现了幼儿园的主要目标，也即是，应该为孩子创造一个有利于自我学习的环境，并培养孩子社交和管理情绪的能力。

玩耍机会越多的孩子，越容易建立起很强的自控力和执行能力——这些能力与今后取得的成就密切相关（见注释46）（参见法则33）。

教你这样做：

如果你的孩子即将上幼儿园，应确保那所幼儿园的教学理念以玩耍为主，注重社交和情感发展能力的培养，而不是学术能力的发展。

一旦孩子进入小学，要确保学校每天至少提供二十分钟休息时间，这些休息时间是除正常的体育课之外的活动时间。如果学校放学之后你需要暂时把孩子寄放在托管机构，要确保这些机构能为孩子提供足够的玩耍时间。

在学校之外，父母要抵制住诱惑，不要让你的孩子参加过多的课外辅导班或者兴趣班。多少才算多？首先，确保这些课外活动不会占用孩子的睡眠时间（参见法则58）。像大卫·埃尔肯德（David Elkind）这样的专家还建议，课外活动的时间不要超过孩子自由玩耍的时间（见注释47）。

法则58

优质父母

将孩子的睡眠放在优先位置

除了玩耍(参见法则57),对孩子而言,另一个重要的成长需要是充足的睡眠。然而,随着孩子的日常安排越来越满、学校的要求越来越多,睡眠成了牺牲品。为了花时间练习踢足球、做家庭作业或者参加社会活动,孩子上床睡觉的时间越来越晚。这些活动严重挤占了孩子的睡眠时间。父母发誓要改变这种现象,但生活的现实却让父母感到无奈。

你可能很想知道,一本聚焦于发展孩子社交和情感能力的书,为什么要如此强调睡眠的重要性。因为,睡眠会对孩子的心智发展和情绪好坏产生巨大的影响,所以,值得花些笔墨多说几句。

关于睡眠不足的后果,举几个例子吧:睡眠不足的孩子更容易有暴力倾向，在学校的表现也会更差，还会表现出更多的行为问题。尽管如此，根据国家睡眠基金会（National Sleep Foundation）的调查，父母常常认为孩子的睡眠是充足的，但实际上却不是这么回事。

睡眠充足所需要的时间与睡眠不充足所需要的时间，差别惊人得小：研究人员能够在睡眠时间相差27分钟的孩子之间发现行为和情绪上的差异（见注释48）。每多睡一分钟都很重要！

顺便说一句，睡眠时间对成人而言同样重要（参见法则64），它可以严重影响我们冷静而实事求是（法则54）地对待孩子的能力。当我的病人告诉我，她很不想对孩子发火，却总是做不到时，我的第一个问题一定是：你一天睡几个小时？睡眠质量与冲动控制之间有着紧密的联系。

教你这样做：

把孩子的睡眠看成一项基本活动，没有商量的余地。如果一天的时间不够用，某些事情必须做出让步，而睡眠不在此列。

关于睡眠时间，国家睡眠基金会提供了一些建议，可以以此作为改变睡眠状态的开始：

· 幼儿（1—2岁）：每天要睡11—14个小时。

· 幼儿园孩子（3—5岁）：每天要睡10—13个小时。

· 小学生（6—13岁）：每天要睡9—11个小时。

· 青少年（14—17岁）：每天要睡8—10个小时。

尽管有这些建议，但还是要记住，有些孩子的睡眠时间可能需要更多一些，或者，更少一些。父母应通过观察孩子的行为和情绪表现，对睡眠时间做出适当调整。有时候，看上去是孩子行为方面的问题，但也许那只不过是睡眠不足的结果。

法则 59

优质父母
鼓励孩子适度冒险

对于父母来说，保护孩子免受任何伤害是很自然的事情，但如果不加区别地应用这一原则，就会带来一些负面的结果。无论是在运动场边看护孩子，禁止孩子爬树，还是坚持要求将10岁大的孩子护送到邻居家，父母必须要意识到，自己的谨慎小心是否阻碍了孩子的成长，孩子需要机会来检验自己的能力，需要从自己的错误中汲取教训，需要增强韧劲和耐心（见注释49）。冒险是孩子成长的重要组成部分。

关键是父母要评估风险，在让孩子冒险和让孩子从冒险中受益之间求得平衡。我们需要问自己的问题不是“这个行为很危险吗？”，而是“这个行为的风险是否超过了收益？”我们还需要考虑那些潜在风险发生的概率和严重程度。

因此，如果孩子想在公园里爬树，我们应该意识到，孩子有可能会从树上掉到一块肮脏的平地上，但她在这一过程中可以学到平衡、力量、限制和坚韧。另一方面，如果孩子想爬的树的周围全是尖锐的石块，我们就应该阻止她，让她选择另外的树来爬，摔下来受重伤的概率就会小得多。同样是让孩子受益，但风险却降低了很多。

我们还应该告诉孩子，为什么我们要建议她换一棵树爬，因此，她可以从中学到如何权衡风险和收益，并学着让自己做出合理的选择（参见法则13）。

教你这样做：

你认为孩子的哪些行为是很危险的？哪些行为是应该被禁止的，或者，需要加以高度监管？然后，再从学习和成长的角度思考一下这些行为能为你的孩子带来哪些好处。既要考虑短期的风险和收益，也要考虑长期的风险和收益（参见法则50）。

比如，你可能很犹豫，要不要让你10岁的孩子独自穿过街道，走到他朋友家去，因为存在着孩子被危险的陌生人或超速的汽车伤害的潜在可能性。但他独自去朋友家的好处又是什么呢？你的儿子可以培养出更强的自理能力，同时增强他对自己能力的自信，而且，一旦孩子学会独自出门，你也不必每次都得陪着他了。

风险呢？他有可能被车撞，或者被陌生人绑架。最后，问问你自己，你是否可以做些什么，降低孩子面临的潜在风险（就像前面爬树那个例子中父母所做的那样）。比如，你可以叫他在走路的时候留意周围的环境（比如，不要边走边看手机或者玩电子游戏）；与孩子反复演练，如果碰到陌生人想要挟持他，应该怎么做。

最终的决定权取决于你，但如果你按照本书给出的步骤去做，你的孩子更有可能从适度冒险中学到东西，并受益匪浅。

法则60

优质父母

鼓励孩子友善待人

友善待人和把事情做好（见注释50）是不同的概念，这里不是指提高孩子的学习能力或运动能力，而是指要加强孩子的道德教育（见注释51），让孩子学会友善待人。

友善待人意味着，无论是在家里、社区还是在更大的社会群体内，教会孩子意识到他人的需求，关心他人的需求，包括去当地的救助站做义工，或者友善地对待一个在学校里不受欢迎的同学。

友善待人既有利于孩子，也有利于孩子所帮助的人，而孩子关心他人的能力又会影响到他们是否能过上幸福和满意的生活。此外，友善待人不仅对于行为者和行为对象有好处，还会对见证了友善行为的第三方产生积极影响。

友善待人还是一种重要的幸福习惯（参见法则55），我把它单独拿出来加以强调。

教你这样做：

你要鼓励孩子友善待人，但更要通过关心除家人和朋友以外的陌生人，以及通过投入时间做公益事业，为孩子树立榜样。

这包括类似担任志愿者这样的正式活动和一些非正式的活动，比如，禁食一顿，把饭钱捐给当地的慈善机构。你还可以慷慨地为你身后的汽车支付过路费，或者朝一个陌生人微笑，你可以让孩子邀请新入学的同学与他共进午餐，或者，你还可以去当地的公园打扫卫生。你在这些活动上投入的时间，实际上就已经告诉了孩子，什么事情是很重要的、有意义的。

友善待人不是为了让个人简历更光鲜。如果孩子在有意或无意中获得这样的信息：帮助他人的目的是为了提高进入大学的机会或者能够帮助他们的事业发展，这种对待善举的工具性态度就会让善行所带来的好处大打折扣。

法则61

优质父母
避免与孩子争夺权力

我们总是会遇到如下这些情况：我们只不过是对孩子提出了一个简单的要求（“请穿上你的鞋子/准备上床睡觉/完成你的作业”），却遭到孩子的断然拒绝（“不！”）或者干脆毫不理会。这时，该怎么办？

我们可以让孩子随便怎么做，或者，有时候替孩子做，但这些做法让孩子学会了无视我们的要求（参见法则23）。我们也可以冲他们发火，让他们马上老实照办，但这种做法会让事情恶化，导致权力争夺，破坏我们与孩子的关系（参见法则74）。

更好的做法是对孩子再次提出要求（但要参见法则29），准备好实事求是地（参见法则54）执行我们的要求（有理有据地），然后，给孩子以恰当的处罚（参见法则51）。

如果问题很重要或者一直没得到解决（比如，你的儿子总是拒绝在早上换好衣服去上学），那么，最好的选择就是反复演练（参见法则73）。

然而，如果为了让孩子听我们的话，与我们合作，我们动不动就使用处罚作为手段，那么，我们与孩子的关系很可能就会受到破坏（或者早已被破坏）。因此，尽管处罚是教育工具箱中的一种工具，但它们不可能解决所有的问题。

如果我们陷入与孩子争夺权力的境地，没有哪一方会是赢家。最好完全避免权力争夺。

教你这样做：

接下来的操练可以帮助你避免权力争夺，同时，基于相互信任和尊重，让你与孩子建立起良好关系。

1. **换种说法（参见法则65）：尽量对孩子说"是"，而不是"否"，同时，不改变你要传递的信息。**
2. **重构（参见法则67）：使用想象和玩耍的力量，鼓励孩子做出你想看到的行为。**
3. **分享你的权力（参见法则37）：给孩子提供与其年龄相匹配的机会，让他们自己做决定（犯错）。**

4. 尊重孩子的世界（参见法则8）：允许孩子以自己的方式思考、感受和体会这个世界，即便你并不理解或认同孩子的方式。
5. 允许孩子犯错（参见法则13）：父母要明白，犯错是生活经历的基本组成部分，它可以教会孩子如何才能做得更好，使他们能够采取新的行为方式和技能。
6. 提供理由（参见法则46）：要思考你设定的规则的理由，要为孩子树立这样一种榜样：用正当的理由激励行为的发生。
7. 训练同理心（参见法则6）：尊重孩子的感受，为孩子创造安全的环境，让他们可以体会到不愉快的感觉。
8. 与孩子保持温暖而有爱的关系（参见法则39和法则74）：确保你与孩子的日常互动是为了在信任和尊重的基础上建立起互爱的关系。

法则62

优质父母
避免“奖励经济”

“奖励经济”是我发明的一个术语，意指很多父母为了激励孩子表现良好而采取的一种制度安排，比如，有偿干家务活，或者，经常使用价目表为好行为明码标价（即便奖励品是图书之类的有益物品）。我把这些做法称为“奖励经济”，因为它创造了一套交易系统，通过该系统，孩子学会了用好行为来换取奖励。

奖励经济的问题不在于它无法有效激励好行为——如果你的激励措施得当，这一系统通常是有效的。正如研究所显示的，问题在于，随着时间的推移，奖励经济对孩子的行为动机有着负面影响（见注释52），同时，还会造成这样一种情况：有些行为本应该是孩子作为家庭成员的职责所在，孩子却要求对自己从事这些行为进行经济或物质补偿（见注释53）。

有一个信号，可以表明你无意中已经在家里创建了一套奖励经济系统：如果你让孩子做某些他不经常做的事情，比如，**“请你去把洗好的衣服折叠起来”**，他回应说，**“你会给我什么好处？”**还有一种信号：你告诉孩子，如果他们帮助打扫厨房，就能得到奖金/奖品/贴画，他们的回应是，“不，谢谢”，然后，并不觉得有义务帮助你打扫厨房卫生，因为他们不接受你提供的“补偿”。

尽管明码标价或类似系统在短期来看是有效的——父母得到了孩子的帮助和配合——但长期来看，我们可能在无意中制造了更大的麻烦：孩子把他们在家庭中的责任视为了一项必须得到报偿的工作。而且，奖励经济通常不能为孩子提供很多机会去发展自律和自控能力，而这些能力是非常重要的生活技能（参见法则33）。

你可能很想知道，怎样才能激励孩子做我们希望他们做的事情：家庭作业、家务活，等等。我的回答是：孩子需要学习如何做好他们该做的事——即便这些事是他们不喜欢做的——这样的孩子能够发展出强大的自制、竞争和自控能力。类似的，孩子还可以通过学习如何克制眼前的欲望，以实现未来更大的目标（比如，延迟满足，我们在法则33中探讨过著名的“棉花糖”实验），来培养这些能力。

通过不断训练和提供帮助（参见法则32），孩子能够学会如何感受自己的情绪，学会自我决策（参见法则11）——比如，“我真的不想现在打扫卫生，但我一定会完成它，因为这事必须由我来做”。

这样的孩子长大后更容易成为自控力较强的成人。想想在我们的生活中，有多少重要的事情仅仅因为我们不想做而把它们推迟了或干脆不做了（“我今晚应该去健身房锻炼，但我真的想在家看电视节目/出去吃晚饭/完成这份报告”）。

在家庭中执行“奖励经济”原则，要求你为了短期利益而牺牲长期利益（参见法则4），从而换得一些时间和便利。但这么做无法培养起孩子的两大重要能力：

1. 孩子应该做他们该做的事，哪怕这些事他们并不喜欢做（比如，家务活和学习）。
2. 孩子知道如何不去做他们很想做但却不该做的事（比如，冲动的行为）。

在我看来，培养这些能力是非常值得的，尽管就短期而言，家庭生活可能会因此出现一些波澜和麻烦。

教你这样做：

明码标价或其他奖励系统可以产生效果，但如果使用不当，也会带来一系列潜在问题。正因为如此，大多数父母都应该基于长期考虑，采用其他更好的办法来（见注释54）鼓励孩子做出良好的行为。本书意在为父母提供这些工具。

如果你当前正在使用贴纸法或类似奖励系统，而你决定停止使用这些方法，那你就要让孩子知道，你准备改变激励方式。如果孩子正在为了赢得某个重要的奖励而工作，你就应该让他们完成这项工作，得到这个奖励（也就是说，实现你当初对他们的激励承诺；参见法则1）。

你奖励好行为的主要工具应该是你对孩子的认可和表扬（参见法则24和42）。对于孩子不喜欢做或不想做的事情，使用同理心（参见法则6），理由（参见法则46），尤其是不断演练（参见法则73）（见注释55）。

如果你的孩子似乎忽略了你的要求，首先要确认他们是否真的听见了你说的话（参见法则29）。向他们提供按你的要求去做的理由，如果你不得不重申要求，就应该向孩子提出严正的警告（参见法则47）。其他有用的工具还包括"脚手架"（参见法则45）和反复演练。要帮助孩子培养起好的行为习惯，你不得不花费更多的心力，参与其中。

比如："宝贝，还有五分钟，你就该去整理客厅里的玩具了。""不……我不想整理。""我知道你不想整理，宝贝。你还想继续玩这些玩具（同理心）。与此同时，我们共同使用这间屋子，你需要做你该做的那部分工作，让房间保持整洁（命

令/理由)。”“不……”(或者沉默/不理你)

现在，走近你的孩子，试着与她一起行动起来。重新组织一下你的话语(参见法则67)，让孩子做这件事变得更有乐趣(比如，唱一首打扫卫生之歌，或者，开展打扫卫生比赛)。如果她仍然拒绝帮助你，你就要实事求是(参见法则54)地重申你的要求，向她提出严正的警告(参见法则51)。

“宝贝，现在是整理房间的时候了。我知道，你就想让玩具留在地上。如果你不跟我一起整理，我就会把客厅里没有被整理好的玩具保管起来[根据孩子的年龄，选择恰当的保管期限]，因为你完全不好好对待这些玩具(严正警告)。”

如果有必要，一直把玩具保管到你规定的期限为止。

为了避免今后重演这一幕，你要创造机会，与孩子反复演练这一情景，让孩子在假想的场景中完成房间的打扫行为。

如果她确实帮忙一起打扫了，一定要热情而具体地表扬她：**“看，我们把房间收拾好了，客厅看上去整洁多了！尽管你不想打扫房间，你还是帮了我不少忙，把你所有的玩具车都放进箱子了，我很为你感到骄傲。”**记住，孩子做得好的每一个部分都要给予表扬，哪怕她还没能完全达到你的预期。表扬可以激励好的行为。

法则 63

优质父母
花时间全身心地关注孩子

最近的一项研究显示，超过三分之一的上班族父母总是觉得随时都很忙（见注释56）。与此同时，我们的电脑和手机经常让我们耗费太多时间在它们身上。我们总是能看见（可能自己就是如此）那样的父母：一边处理电子邮件或者玩手机，一边让孩子在自己身边玩耍。

尽管我们要努力打拼事业，还要花时间做其他事情，但必须要留出时间单独与孩子在一起。如果我们总是想“等我抽出时间”或者“等我有了时间”，就总是没有时间。

正如我们需要给自己留出时间（参见法则64），我们还必须每天抽时间全身心地与孩子相处。如果孩子没能得到我们发自内心的全身心的关注，他们很可能就会诉诸其他方法来得到关注（比如，消极关注）。品行不端和行为出格就是没有得到足够积极关注的常见情况。

教你这样做：

思考一下你的日程安排，或者，脱离你满满的日程安排，重新审视你的生活。每一天，至少要确保抽出一些时间，哪怕只有五分钟，推掉其他事务和工作，全身心地与孩子在一起。如果你的孩子不止一个，你可以同时与他们在一起，或者，每次只与一个孩子相处，这取决于孩子之间的关系以及你的家庭氛围。

如果你工作非常忙，或者，很难放下手中的工作，那就要在你的日程安排上定期抽出时间与孩子约会，把这种约会当作是跟你的老板或最重要的客户见面。关掉你的电子设备，把手机调为静音。不要让宝贵的时间被耽误或被打扰了。

法则64

优质父母
能够照顾好自己

正如父母需要花时间全身心地关注孩子，他们也需要在自己身上花时间。

持续的自我照顾对良好的教育而言十分重要。如果你很疲倦、困乏、吃不香、睡不好，不花时间放松自己、修复自己，你就不会呈现出一个最好的自己，你的耐心和能量也会减少。这种耗散的状态让自己很难冷静而有智慧地处理教育方面的挑战。

很多父母没有花足够的时间照顾好自己，这有很多原因：

- 他们没有意识到，缺乏自我照顾会对他们产生重大影响。
- 如果不把时间花在家庭或工作上，而是自己身上，他们会感到内疚。

- 他们认为，没有时间照顾自己。
- 他们可能已经筋疲力尽，没有心思照顾自己了。

你可能不喜欢花时间照顾自己，但无论如何，照顾好自己非常重要（参见法则11）。

请务必花时间建立起可持续的自我照顾路径。为了做到这一点，你必须要与自己“约会”，就像你在工作中会安排会议一样。如果你想等到你有时间了，或者，“找到”时间了再来做这件事，你可能永远都不会有时间。

一条良好的自我照顾路径至少包括：

- 充足的睡眠（多数成人每晚至少需要8小时睡眠）
- 健康的食物
- 日常锻炼（简单的步行也可以）
- 日常的私人时间（独处、从事个人爱好，等等）
- 日常的社交时间（与配偶/同事/朋友）

建立良好的自我照顾路径不仅可以帮助你成为更好的父母，还可以为你的孩子树立健康生活的榜样。

自我照顾路径的具体时间安排也很重要。如果你能事先详细地确定何时以及如何锻炼、与朋友聚会、冥想、睡觉等等，你就更有可能去执行它。

严格按照设定好的具体的时间安排去做，而不是每天改变这些安排，就不会让你把注意力转向其他事情（比如，“我会在每周一、三、五的午饭之后散散步”，或者，“当我的女儿正在小憩/练习踢足球，我就会利用这段时间进行冥想”）。

照顾好你自己还有助于让孩子明白，他人的需求也很重要，并为孩子提供成人的榜样。如果你总是牺牲自己的需求（比如，睡眠、休闲、与朋友聚会、重要活动，等等），而扑在孩子身上，孩子就可能无法学会如何平衡他们自己与他人之间的需求。这一原则是以孩子为中心和亲子关系紧张等教育问题的解药。这看起来似乎是自相矛盾的，但为你自己留出时间和精力，会让孩子从中受益。

教你这样做：

问问你自己：你希望孩子复制你的生活习惯吗？（参见法则20）

每周至少有三天，每天抽出20—30分钟锻炼身体（围绕街区散步、爬山、游泳、在客厅跳舞、伸展四肢，等等）。你并不一定非要去健身房或者报名参加健身班，只要能活动和伸展筋骨就好。

一定要写下具体的锻炼日期和时间，一到时间，排除任何障碍实现它。可以考虑与朋友一起锻炼，这样不至于让你很容易找借口逃避锻炼（此外，这么做还能收获友谊）。

每月至少参与一次社交活动（晚上聚会、与朋友共进午餐或一起喝咖啡、做义工，等等）。

确保你有充足的睡眠。对多数成人来说，每晚7个小时的睡眠时间是必需的。你可以比较准确地预估自己究竟需要多长的睡眠时间：测试一下，经过几天的休假之后，在没有设闹钟的情况下，你一觉能睡多长时间？

请不要低估睡眠不足的负面影响。如果你正在与抑郁、焦虑、经常向孩子发脾气做斗争，睡眠不足也许是其中一部分原因。

当你越来越擅长花时间照顾自己，并且，如果你的日程安排得过来的话，可以进一步增加私人活动的种类，或者，提高私人活动的频率。

法则 65

优质父母
会换一种更好的说法

换一种说法是一门艺术，它用说“是”替代了说“不”，而表达的意思却是一样的。

教你这样做：

不要说：“不，如果你不睡午觉，我们就不去公园玩。”父母可以换一种说法：“是的，你午觉一睡醒，我们就去公园玩。”

两句话的意思是一样的，但语气完全不同。此外，对孩子说“是”，孩子更不容易与父母产生冲突。

法则66

优质父母使用“占位符”

“占位符”(placeholders) 是我发明的一种术语，它是一种有用的教育方法。当你需要处理孩子的一个不良行为，但你没有时间(比如，你不得不离开办公室)，或者，那个时刻不适合于进行高效的讨论(比如，你和孩子饥困交加；参见法则27)，“占位符”方法就可以派上用场了。

当你必须要管教孩子，最好立即采取措施，但从现实的角度来讲，要做到这一点几乎是不可能的。在这样的情况下，就要使用“占位符”方法，然后尽快回到当时的场景。

“占位符”方法承认这样一种现实情况：已经发生的情况需要得到关注，但与此同时，对该情况的讨论又不得不暂时推迟。

教你这样做：

时间紧张、饥饿、疲乏可能会让你无力处理孩子的不良行为，而这种行为是你不想孩子重复去做的，这时就需要使用“占位符”。然后，只要时间和情绪允许，尽快回到当时的情景，处理孩子的行为。

“宝贝，我刚才看见你偷吃了一块饼干，我之前已经告诉过你，在吃饼干这件事上你需要先征得我和爸爸的同意。我们需要就这件事谈一谈，但我手里有工作，马上要离开。我晚上回来后，再跟你谈。”

这里还有一个例子。一个饥饿的小孩，把他的碗盘扔了出来，击中了你。**“哎哟！你刚才扔了碗盘，还击中了我。我想，你现在肯定非常饿了，所以，我先给你弄点吃的来，等你吃完了，我们再来谈谈刚才发生的事情。”**

法则67

优质父母
会让孩子重构场景

经常会发生如下情况：父母让孩子做一件简单的事，比如，站着不动，或者保持安静，或者打扫房间，但令人沮丧的是，孩子没能做到。对于这种情况，有一个更好的办法：重构场景（reframing）。

我所谓的“重构场景”，是指为了鼓励孩子按照父母的话去做，父母让孩子想象不同的场景，以及在此场景中的感受。这种方法最适合于年纪更小的孩子。一项对4岁孩子的研究证明了这种方法的效果（见注释57）。

在研究中，研究人员首先给孩子一个简单的提示：站着不动，并且尽可能保持更长时间。孩子不会坚持多长时间——通常不到1分钟。然后，研究人员让孩子设想他们是工厂的保安。立马，孩子坚持的时间就变成了之前的4倍。为什么会如此？因为他们把自己想象成了一个在门岗里站立不动的保安。

在很多幼儿园里，你可以看到，重构场景的方法非常有效。当每个孩子唱起“打扫卫生之歌”时，孩子们就会自然而然地去收拾玩具，把房间整理干净。重构场景帮助孩子做出良好的行为。

重构场景对成人而言也是一种很好的教育方法，因为它能调动我们的创造力去重构我们对孩子的要求（“站着不动”），并且把对孩子的要求作为一种更富想象力的行为（“设想你是一个工厂保安”）。

教你这样做：

今后，你想要孩子做某事，设想一种更有趣、更富想象力的场景来描绘你的要求，也就是“重构”你的要求。

比如，当你想让孩子保持安静时，你可以用一种瘆人的语气对孩子说：“**我听说外星人就要来了。如果他们来了，请你一定要仔细听他们说话，这样，我们才能要求他们离开。你要很认真很仔细地听，因为他们说话的声音非常非常小。如果你认为你听到了他们说的话，悄悄告诉我，不要让他们听见了。**”

在教育孩子的过程中，你对孩子的行为要求有哪些是孩子拒绝去做的，你如何更富想象力地重构这些要求？

还可以参见法则29。

法则68

优质父母
专注于正面管教

我的一个朋友喜欢说，父母可以预知未来。她的意思是，如果某种负面后果发生的概率很大，父母通常可以预感到。比如，看见孩子在桌上玩饮料罐，我们可能会认为，“饮料肯定会洒出来”，或者，我们可能看见孩子正在爬一棵树，然后认为，“她可能会摔下来！”

作为父母，我们的工作是要帮助孩子认识世界，让孩子学会自我决策，敢冒适度的风险。也就是说，如果我们能以正面的方式对孩子加以关心和教导，孩子就能从中受益。比如，我们可以说“让牛奶待在杯子里”，而不要说“不要把牛奶洒出来了！”我们可以说“紧紧抓住杯子”，而不要说“不要让杯子掉了！”

因为语言能激发观念和图像，当孩子听到“不要让杯子掉了”，他们很可能就会想象出杯子掉落的画面，一旦遇到危急情况，杯子掉落的概率就会很大。而当我们说“紧紧抓住杯子”，我们的意图没变，但我们的用语可以让孩子更加专注于握紧杯子的画面。

类似的，当我们试图改变孩子的不良行为（比如，吵闹或无理取闹），更有效的方法是直接告诉孩子应该怎么做（比如，“深呼吸，然后用平静的语气说‘请’”），而不是告诉孩子不应该做什么（比如，“不要吵闹”）（参见法则22）。

专注于正面管教之所以重要，还因为它是本书之前所探讨的两个重要原则的核心所在：如何看待我们的孩子（参见法则24和36）；如何教孩子看待这个世界（参见法则55）。

教你这样做：

直接告诉孩子要做什么，而不是告诉他不该做什么。

类似的，比如，当孩子犯了语法错误，不要直接指出他们的错误（“不，不是‘那只猫去了那儿’，而是‘那只猫已经去了那儿’”），我们只需要使用正确的语法重复孩子的话就行了：“哦，那只猫已经去了那儿。现在，我看见它了。”随着不断重复和练习，孩子就能学会正确的说话方式，而很少会把注意力放在自己犯过的语法错误上。

使用这一原则的相关方法，参见法则65。

法则69

优质父母能够改变孩子的心情

除了有趣之外（这对你也有好处），在正确的时机装傻，通常会让孩子（我们）脱离负面情绪。

你需要知道你的孩子有多心烦，但通常情况下，如果你能在合适的时机跟她开开玩笑，不让她深陷心烦的状态，就能让她“破涕为笑”。

教你这么做：

如果你注意到，你的孩子开始发脾气或者轻微地心烦意乱，你可以用一种半装傻半严厉的语气说：**“哦，你看起来很生气（然后，学猪哼哼叫）。”**如果你发现孩子露出一丝笑容:“**噢，等等，如果你在生气，你就不能笑。不许笑……不许笑……**”通常，这个时候，你的孩子会咯咯咯地笑起来。

类似的，如果你的孩子拒绝穿鞋子，你可以试着跟她开玩笑，而不是直接管教:“**好吧，如果你不想穿你的鞋子，那我就来穿你的鞋子了。**”（拿起她的鞋子，做出穿进脚里的样子）“噢，我的脚穿不上，也许穿到这里合适”（把你的胳膊肘“穿”进她的鞋里）。“不，穿进这里如何？”（把你的鼻子“穿”进她的鞋里）。你知道怎么做了吧？持续这么跟她开玩笑，直到（看得到希望地）把她逗得咯咯咯地笑。

这种方法最适合年龄较小的孩子。动作、语气和时机都非常重要。

在逗孩子的时候，要注意孩子的反应，看孩子是否还是很生气或很郁闷。

如果孩子对你的逗弄毫无反应，你就要迅速改变方式，采取同理心法（参见法则6）。

法则70

优质父母
会保持淡定

有时，装傻是很有必要的（参见法则69），但有时，最好的办法是保持淡定。当你的孩子以吵闹的方式争取你的关注，或者正试图激怒你时，淡定是最好的策略。

在这些情况下，孩子挑衅行为的一个结果就是它会挑起冲突。如果你希望将冲突最小化，以及缓和孩子的挑衅行为，试着保持淡定。不过，说起来容易，做起来难。

淡定意味着，让自己心平气和，不让自己被激怒。比如，如果你的孩子品行不端，尽管你正在处罚她，但她通过傻笑或瞪眼的方式试图进一步惹恼你，你最有效的回应方式就是，无视她的挑衅，继续把注意力放在你所要处罚她的行为上（参见法则54）。

类似的，如果你给孩子整理好被子之后，他仍不好好睡觉，跳下床，继续玩，这时，你一定要心平气和地把他重新送上床。不要卷入与孩子的对话或冲突中，尽可能保持情绪的中立和淡定。如果你显示出了恼怒或生气的样子，你的反应方式就会让孩子感到“很有趣”，这就让他更有动力继续调皮，而不是上床睡觉。

教你这样做：

由于“睡觉斗争”十分常见，我用了上床睡觉的例子来阐述淡定原则。它很简单易懂（但并不容易做到）：每当你发现孩子不好好睡觉，在你把她重新送上床之后，可以温柔地拉着她的手，对她说：**“现在到了睡觉的时候了，让我们回到床上。明天早上见，晚安。”**（亲吻）

很重要的一点是，当你说这些话时，你的语气和肢体语言一定要冷静和淡定，然后，将孩子重新送回床上。你需要反复演练这一做法（可能要练上十几次）。

坚持你想要表达的意思，但在与孩子互动时既要冷静又要简洁。你应该传递给孩子的信息是（参见法则31）：**“如果你不好好睡觉，想起床玩耍，不会有任何好玩的事情发生。所以，你应该老实待在床上，好好睡觉。”**

如果家里还有其他成人，你应该与他们每晚轮流负责监督孩子上床睡觉。这种安排既有可预测性（参见法则53），也能保证你可以得到轮休。记住，如果每晚都由你来监督孩子上床睡觉，久而久之，就会让你感到筋疲力尽，同时，耽误你自己睡觉的时间。而睡眠不足会让你更难做到实事求是和“淡定”。

法则71

优质父母 会暂停行动

对父母而言，暂停行动是一种强烈的行为干涉方式。你可以把它想象成在生活中按下了暂停键。

暂停行动可以告诉孩子，正在发生的事情是错误的，只要你发现这事正在发生，你就会阻止它继续进行下去。我与很多父母交流过这个问题，他们说，经常会声嘶力竭地告诉孩子:“不准用这种方式跟我说话！”但没用，孩子还是继续大喊大叫地与他们对话。

在这种情况下，父母基本上是在说一套做一套（参见法则51）。相反，如果父母能果断暂停行动，他们通常就能得到更好的结果。

教你这样做:

今后，一旦你发现孩子正在做不恰当或不礼貌的事情（比如，抓扯、吵闹、发火），你就应该暂停与他对话，并说明原因。这么做之后，要与孩子反复演练正确的做法（参见法则72）。

比如：你2岁的孩子坐在桌子旁，他的杯子掉到了地上。他大吼大叫地指着地上的杯子。这个时候，你不要立即把杯子捡起来，暂缓片刻——也就是说暂停行动——让孩子做一个深呼吸，然后，要求他用礼貌的方式把刚才的话重新说一遍（这就是演练）。当他这么做了，你就把杯子捡起来，还给他（参见法则21）。注意，演练的行为（在此例中，深呼吸，使用礼貌的话语）可以是任何你能接受的行为，也必须是你的孩子有能力做到的行为（参见法则22）。

还有一个例子：当你告诉你十来岁的女儿不能周末在朋友家过夜时，她很生气，很愤怒。她吼着对你说："你根本不了解我！"这个时候，不要与她沟通，也不要向她解释你是多么了解她，你只需要暂停与她说话。

你可以向她说明，你愿意与她就这件事情进行商量，但前提是她不能对你发火，也不能用不尊重你的语气跟你说话。让你的女儿重新演练一遍说话方式，达到了你的要求，才能继续对话。如果她还是大吼大叫，立即暂停对话。如果这种情况是第三次发生，告诉她，你们两个都需要冷静一下，你稍后再与她对话（给她一个明确的时间或地点，比如，晚餐之后），然后，你就实事求是地离开这场对话。

法则72

优质父母会重放孩子的行为

可以把重放孩子的行为看作是按下倒带键，重新开始，但播放出来的效果会更好。重放通常发生在“暂停行动”之后（参见法则71）。

实际上，重放是一种机会，让孩子再次重复行为，并做得更好。这么做对于年纪较小的孩子来说尤其重要，因为他们把自己所参与的几乎每一件事都看成是严肃认真的实验（参见法则34）。

重放是学习的重要组成部分。它为孩子提供了机会，让孩子用新的方式做事，并取得更好的效果。重放还是形成新习惯的重要方式(参见法则20)，因为行为重复得次数越多，习惯就越容易养成。

在给予孩子处罚之后，或者，在你发现孩子的不正当行为之后（比如，抓扯或吵闹），重放的效果尤其好。

在你要求孩子重放行为之前，你或者你的孩子必须找到应对不良行为的方式（参见法则22）。一旦你为孩子找到了更好的行为方式，就要采用这种新的得到改进的行为来重放，然后，具体而明确地表扬孩子的新行为（参见法则24和法则42）。

另一种与重放密切相关的行为练习方式是演练（参见法则73）。

教你这样做：

这里提供两个例子。第一个基于这样一种十分常见的场景：你的宝宝在吃饭的时候把食物故意扔到地上。第二个也基于一种很常见的场景：你年龄稍大的孩子对你出言不逊。

“吉米，请停止把你的豌豆扔到地上（规则）。**你这么做是在浪费食物，制造混乱**（理由）。**如果你再这么扔，我就把你的碗拿走**（严正警告）。**”**当然，大多数幼儿不可能理解你对他说的每句话（尽管你会感到惊讶，他们能理解的东西其实非常之多），但你的行为可以强化你要表达的信息。同时，你与他们对话的过程会逐渐培养起他们的语言能力。

如果吉米再次把豌豆扔到地上——这是很有可能发生的情况，因为他可能会拿你或豌豆当“试验品”，或者，他没有理解你所表达的意思——这时，你就要冷静而实事求是地把碗拿走十秒钟。然后，把碗还给他，让他再试一次（重放），直到他不再把食物扔地上为止。

他很快会学到，如果把豌豆扔地上，碗就会被拿走。如果他想吃豌豆，他就不能这么做。如果重放了几次，他还是拿豌豆当玩具，那就说明，他已经不想吃它了。

第二个例子：当你正在做晚饭，你的女儿用很不礼貌的口吻对你说："老妈！你知道，我不喜欢把调味酱和面团混在一起吃！这种食物真恶心！"

暂停行动！做个深呼吸，实事求是地回应女儿："**桑迪，我不知道你是否听到了你刚才说的话**（无罪推定，参见法则36），**但你用了很不礼貌的词语和语气**（规则）。（见注释58）**我知道，你不喜欢我做的某些饭菜**（同理心，参见法则6），**但你表达看法的方式不合适**（方法VS目标，参见法则21）。**请你把你要表达的意思用不同的方式再说一遍**（重放）。"

你可以让她以你能接受的方式重新表达她的抱怨，或者你可以直接告诉她应该怎么表达（后者最适用于年纪小的孩子）。比如："**桑迪，如果你想告诉我，你不喜欢我做的某些饭菜，你可以这样说，'妈妈，谢谢你做的晚饭，但我希望你单独使用调味酱。'**"

如果重放行为成功，你就要恢复与孩子互动（对于之前那个案例，你需要把调味酱单独拿给孩子）。如果她没有用更好的表达方式，你就要告诉她，如果她说话方式更礼貌，你愿意为她改变做饭菜的习惯。同时，要确保她明白你所说的话是什么意思（参见法则23）。

法则73

优质父母
会为孩子安排演练

即便你的孩子没有兴趣成为百老汇的明星，但表演艺术的世界还是有很多实用的技巧值得父母借鉴：演练。教育跟演戏一样，演练都是一种实践新行为的机会，通过反复演练，新行为就会让人越来越熟悉，并成为日常行为。

既然演练是学习的基本特征，当我们想要孩子学习一种新行为时，或者用一种可以接受的行为替代不良行为时，我们需要给孩子机会，让他们演练新行为（然后，以具体明确的表扬来强化新行为；参见法则42）。很多时候，这些练习机会不会自然发生，父母需要为此创造条件。这就是我所谓的安排演练。

真实生活中，过激的情绪、习惯和时间压力总是会让人按照过往的习惯做事。但与此不同的是，演练让孩子练习了新的、不同的行为，有助于他们学习成长。

对于这种演练——就像剧院中的带妆彩排——你应该设计得跟真实情景越接近越好，然后，鼓励孩子在此场景中练习新行为，练习的目标是要让新行为成为孩子的习惯，当该场景在“真实生活”中发生时，孩子知道该如何应对。

如果孩子放学回家后习惯性地把外衣和书包堆放在门口，你应该在周末安排一次演练，让孩子扮演放学回家后走进家门，然后，要求他把外衣挂在衣架上，把鞋和书包放在柜子里。孩子的任何进步都要用具体的表扬来加以强化。

演练既能教会孩子新行为（比如，如何有礼貌地接待成人，如何摆餐具，等等），还能鼓励孩子用另一种你喜欢的方式来替代他常用的行为方式（比如，可以说“请问，我可以拥有它吗？”，而不是说“我就要拥有它”。或者，应该在吃早饭之前把衣服换好，而不是吃饭的时候还穿着睡衣，这样，就可以准时出门去上学了）。

演练还能最大程度地减少发脾气和做出其他不良行为的次数。比如，如果你的孩子在生气的时候会出现暴力倾向（比如，打人和扔东西），耶鲁大学的阿兰·卡兹丁（Alan Kazdin）建议，当你的孩子处于冷静状态时，让她假装生气或愤怒。在这一演练中，你让她在假装愤怒的时候把手交给你掌控，然后，你要表扬她这么做。如果她稍后生气的时候按照新的方式来做，哪怕只是部分做到，你也应该表扬她的进步（参见法则24）。不要试图一次性解决不良行为（比如，不发脾气），你应该与孩子反复演练好行为，先是做到生气的时候不打人，然后是生气的时候不乱扔东西，在此过程中，具体而明确地表扬她的每一点进步。参见“脚手架”（参见法则45）和重放原则（参见法则72）。

教你这样做：

假设你的儿子放学回家后经常把衣服、鞋子和书包堆放在地上，你多次叫他（不厌其烦地？）在玩耍之前把东西放好，但他总是不改。这种情况下，不要再对他啰唆，安排演练！

在每个人都处于放松和闲暇状态的情况下，找一天或某个时段，让孩子模拟真实生活：让他穿上校服，背上书包，就好像真的要去上学一样。

然后，让他像平常那样，放学回家，走进家门，但不允许他照往常的习惯去做（把东西扔在门口就走），而是让他练习把外衣挂在衣架上，把鞋和书包放进柜子。当他照你说的去做时，真诚、具体、及时地表扬他。

如果他并不是每一步都做得很好，也要表扬他做得好的那些部分：“**很高兴看到你把外衣挂在衣架上，谢谢你！让我们再重复一次，这一次你要记得把书包和鞋放在柜子里。**”重复演练（如有必要，可以把演练分成几段进行），直到新行为让孩子感到舒服和熟悉为止。

同时，还要确保演练的时候要友善对待孩子（如果他没有做对，不要批评他），这样今后他就不会抵触演练这种做法了。

还可参见法则32。

法则 74

优质父母重视亲子关系

你可能听说过，在地产行业有一句格言：真正重要的是，地段，地段，还是地段。类似的，对孩子而言，最重要的是，关系，关系，还是关系。

如果没有一个基于相互信任和尊重的强烈而充满爱的关系，本书中所有的原则和操练就只不过是让孩子逐渐顺从父母的技术手段而已。然而，在有了良好关系的背景下，本书中所探讨的原则就会成为父母强有力的工具，帮助父母营造出充满爱、相互支持以及和谐美好的家庭生活。

当我们与孩子有良好的关系时——这种关系的特征是：同理心、耐心、同情、信任和尊重——孩子就会做出让我们开心的事情，同时，当我们试图改变他们的行为以及培养他们的好习惯时，他们也更愿意配合我们（参见法则37）。一个充满强烈之爱的父母，与孩子保持良好的关系，这对孩子各方面——社交、认知、身体等——的成长都会产生重大的积极影响，会在生活的几乎所有方面产生令人满意的结果。

这种积极的亲子关系并不意味着，孩子就像我们的朋友。我们希望享受与孩子在一起的时光，也愿意花时间跟孩子相处，就像朋友之间会做的那样。但最终而言，我们仍然是孩子的父母，哪怕孩子已经长大成人了，也还是如此。

教你这样做：

一段关系建立在人与人互动的无数时刻的基础之上。观察你与孩子的日常互动，问问自己，如果那些互动时刻会持续好几十年，你是否认为它们能够建立起你想要的亲子关系。如果不能，那就使用本书提供的原则，开始试着做出一些改变。

法则75

优质父母从现在做起

如果你已读完之前的所有内容，读到了本章节，你可能会感到有些焦虑，或者会对过去的教育方式感到后悔。这些感受是很正常的；我们学到了一些好方法，我们多么希望这些方法以前就能用在孩子身上，因此，有焦虑感和后悔感非常正常。

请记住，你有什么样的思想，就会有什么样的行为。大多数父母都是在按照他们所知道的一切，尽可能地把孩子教育好。不过，好在大多数孩子既有可塑性，又有包容性；他们就像是坚强的野草，而不是脆弱的花蕾。还请记住，没有哪个父母是完美的（参见法则12）。

更重要的是，请不要让你的焦虑和过去在教育方式上的错误影响到你现在的行动。有一句我很喜欢的名言提醒我们:“培植一棵树的最佳时机是在20年前，但第二好的时机就是现在。”

我希望本书为你提供了一些有用的教育工具和理念，让你能够与孩子建立起良好的关系。那么，就从现在开始吧!

注　释

1. 请注意，本书所涉及的与行为后果有关的教育法则，主要针对的是 2 岁以上的孩子。如果你的孩子是婴儿或幼儿，就不要用行为后果去评价孩子，而要更多地施以监管和转移其注意力，应该把教育的重心放在建立一种温暖而又温馨的情感关系上。关于教育婴儿和幼儿的主要法则，参见法则 1、8、19、21、29、30、31、39、57、58、61、63、65、67、68、69、70、71、72、73 和 74。
2. 严格来讲，同理心意味着，真正感受到另一个人的感受，与同情相反，同情关系到理解和在意别人的感受，而不用体验到那些感受。父母在孩子身上既会体验到同理心，也会体验到同情心。为了避免在技术词语或术语中纠缠不清，在全书中我将使用“同理心”这个含义更宽泛的词语，这意味着，我将专注于这样一种感受：父母对另一个人体验世界的方式抱以真诚而尊重的态度。
3. Sandra Aamodt and Sam Wang, *Welcome to Your Child's Brain*, New York: Bloomsbury, 2012.
4. Sara F. Waters, Tessa V. West, and Wendy Berry Mendes, “Stress Contagion: Physiological-Covariation between Mothers and Infants,” *Psychological Science 25*, no. 4 (2014): 934–42.
5. Lisa H. Albers, Dana E. Johnson, et al., “Health of Children Adopted from the Former Soviet Union and Eastern Europe: Comparison with Preadoptive Medical Records,” *Journal of the American Medical Association 278*, no. 11 (1997): 922–24.
6. http://www.apa.org/monitor/2012/04/spanking.aspx.
7. http://www.sciencedaily.com/releases/2015/03/150316165949.htm.
8. 一部关于如何养成好习惯、如何改变不良习惯的优秀著作：Charles Duhigg's *The Power of Habit* (New York: Random House, 2014).
9. 弗雷德里克·道格拉斯（Frederick Douglass，1817—1895），19 世纪美国废奴运动领袖，著名作家、人道主义者。——译注
10. Nancy Eisenberg, “Emotion, Regulation, and Moral Development,” *Annual Review of Psychology 51* (2000): 665–97.

11. discipline 本义是“学科”“纪律”的意思，这里作动词，有“管教”的意思。——译注
12. http://www.alisongopnik.com/papers_alison/sciam- gopnik.pdf.
13. http://journal.frontiersin.org/article/10.3389/fnhum.2014.00229/abstract.
14. Z. Ivcevic and M. Brackett, “Predicting School Success: Comparing Conscientiousness, Grit, and Emotion Regulation Ability,” *Journal of Research in Personality 52* (2014): 29–36.
15. 情感指导的概念是由约翰·戈德曼（John Gottman）及其同事们所提出的。
16. Wang and Aamodt, *Welcome to Your Child's Brain.*
17. Roy Baumeister research.
18. 科学家艾莉森·戈波尼克（Alison Gopnick）、安德鲁·梅尔佐夫（Andrew Meltzoff）和帕特里夏·库尔（Patricia Kuhl）将婴儿和儿童的概念推广开来。参见他们的著作：*The Scientist in the Crib* (New York: First Perennial, 2000).
19. 除非她所选择的行为有健康或安全方面的危险，或者，除非她所选择的行为的后果是她不能承受的。比如，如果模型火车实际上是她哥哥的，是否把它带到公园就不应该由她来决定。
20. 感谢苏珊·德默斯曼（Susan Demersseman）同我分享“主观意图是将事情做得更好”。
21. S. H. Chen, Q. Zhou, et al., “Parental Expressivity in Chinese Families: Prospective and Unique Relations to Children' s Psychological Adjustment,” *Parenting: Science and Practice 11*, no. 4 (2011): 288–307.
22. http://www.eurekalert.org/pub_releases/2015- 01/uom- cfm 012715.php.
23. http://www.ncbi.nlm.nih.gov/pubmed/20331670.
24. 除非你居住在寒冷地带，又是冬天，她的选择会让她冻伤或更糟。这就形成了一个重要的例外法则：如果孩子的选择可能会对他 / 她或其他人的健康或安全造成威胁，那就不能让孩子做出这样的选择。在这种情况下，从同理心开始（参见法则 6），然后要拿出权威的架势（参见法则 38），给出理由（参见法则 46），有可能的话，让孩子的注意力从这件事上转移开来，或者用幽默的方式与孩子沟通（参见法则 69），这一招通常对孩子是最管用的。对于那些经常发生的情况（比如，孩子总是不愿意坐轿车上的安全座椅），试着反复与孩子演练（参见法则 73）。
25. 这些教育风格基于发展心理学家戴安娜·鲍姆林德（Diana Baumrind）的研究。
26. http://newsroom.ucla.edu/releases/lack- of-parental-warmth- abuse-248580.
27. James Morehead, “Stanford University's Carol Dweck on the Growth Mindset and Education,” OneDublin.org (June 19, 2012).
28. Ibid.

29. 尽管专注于努力工作是德韦克发展成长思维模式的基石，但是德韦克自己也指出，这不仅仅是努力。 她指出，虽然努力对于学习至关重要，但它并不等同于学习的最终目标。为此，当学生们在学习上止步不前的时候，势必也需要寻求指导，也愿意尝试新的方法。以这种方式思考：如果一个学生正在努力使出浑身力气推一堵墙以到达另一面，在一旁鼓励他推的有多努力，这于事无补。相反，他需要有人来帮助他考虑别的方法（例如，翻墙或挖地洞），然后他去践行。
30. http://articles.latimes.com/1988- 04-08/news/vw- 1120_1_shy- child.
31. “脚手架” 概念往往用于教学，此概念基于杰罗姆 · 布鲁纳（Jerome Bruner）和利维 · 维各斯基（Lev Vygotsky）的相关著作。
32. 但是，在您的孩子仅仅需要援手的情况下（例如，他们将一加仑牛奶洒在地板上），您可以只是加入且提供帮助，而不是想知道您的帮助如何影响孩子掌握技能的能力。在这种情况下，您的行为正在塑造有用和支持的重要性。
33. 但要注意，说理并不总是最好的方法（参见法则 49）。
34. 这里指红绿灯。通过做游戏，把孩子的注意力转移到对交通规则的关注上来。——译注
35. M.- T.Wang and S. Kenny, “Longitudinal Links Between Fathers’ and Mothers’ Harsh Verbal Discipline and Adolescents’ Conduct Problems and Depressive Symptoms.” *Child Development 85* (May/June 2014): 908–923, Journal of Marriage and Family 65 (November 2003): 795–808.
36. 有关 “心流” 的概念，以及如何达到这种心智状态的更多信息，我强烈推荐米哈里 · 契克森米哈（Mihaly Csikszentmihalyi）的开创性著作 *Flow: The Psychology of Optimal Experience* (New York: HarperCollins, 2008).
37. http://www.aomrc.org.uk/general- news/exercise- the-miracle- cure.html.
38. Ibid.
39. 注意，疾病防控中心建议儿童和青少年每天至少进行 60 分钟的运动。
40. See, for example, Daniel Kahneman, *Thinking Fast and Slow* (New York: Farrar, Straus and Giroux, 2013).
41. Lisa D. Ordóñez, Maurice E. Schweitzer, et al., “Goals Gone Wild: The Systematic SideEffects of Overprescribing Goal Setting,”*Academy of Management Perspectives 23*, no. 1 (2009).
42. http://pediatrics.aappublications.org/content/119/1/182.
43. For a deeper look at this issue, see Madeline Levine’ s excellent book, *The Price of Privilege* (New York: Harper Perennial, 2008).
44. “玩耍” 的定义引自彼得 · 格雷（Peter Gray）的相关著作。

45. http://www.cdc.gov/physicalactivity/everyone/guidelines/chil Dren.html.

46. Adele Diamond, W. Steven Barnett, et al., "Preschool Program Improves Cognitive Control," *Science318*, no. 5855 (2007): 1397–88.

47. 如何保护各年龄段的孩子不受过度强调成功的影响，斯坦福大学的挑战成功项目给关注这方面的父母和教育工作者提供了丰富的资料，而且他们的网站（www.challengesuccess.org）上也有大量有用的信息。

48. http://pediatrics.aappublications.org/content/early/2012/10/10/peds.2012- 0564. abstract?sid=365a3da0- 8f51-48bf-a82a-4647e036f8e1.

49. http://www.decd.sa.gov.au/oshc/pages/default/play/?reFlag=1.

50. 原文为"do good"，既有友善待人之意，也有把事情做好之意。——译注

51. 针对这一主题，可参见理查德·韦斯伯德（Richard Weissbourd）的重要著作：*The Parents We Mean to Be* (New York: Houghton Mifflin Harcourt, 2010).

52. 研究表明，当提供外部激励和奖励来执行任务时，这些刺激会降低个人的内在动机。这种负面影响在孩子身上更为明显。参见 E. L. Deci, R. Koestner, and R. M. Ryan, "A Meta- Analytic Review of Experiments Examining the Effects of Extrinsic Rewards on Intrinsic Motivation,"*Psychological Bulletin 125*, no. 6 (1999): 627—68。

53. See also http://www.theatlantic.com/health/archive/2016/02/perils-of-sticker-charts/470160/.

54. 然而，还有一些情况，比如，孩子有一些特殊需求，父母采用明码标价的方法就是很重要而且很有必要的。

    贴纸法（sticker charts）有时可以发挥良好的作用，它可以被当作简单的行为跟踪表来使用，帮助孩子想象他们要做的事情，跟进行为的进展。明码标价法与贴纸法的主要区别在于，后者不涉及物质奖励。孩子会把贴纸贴在榜单上，以显示他们已经完成了打扫房间的工作，贴纸只不过是表明工作完成的表扬符号。贴纸法不会像明码标价法那样产生副作用。

55. 然而，奖励可以偶尔用于帮助儿童达到目标（如上厕所训练）或激励他们去参与不愿参与但又必须去做的活动（如到医生办公室打针）。关键是要避免频繁或有系统地在家庭日常活动中使用奖励，除非你已经从专业人士那里获得了专业指导。

56. http://www.pewsocialtrends.org/2013/03/14/modern-parenthood-roles-of-moms-and- dads-converge-as-they- balance-work-and-family/.

57. http://www.nytimes.com/2009/09/27/magazine/27toolst.html?pagewanted=all&_r=0.

58. 你平时对女儿说话也很不礼貌吗？（参见法则 40）